国家科学技术学术著作出版基金资助出版

中国港口的产能过剩

鲁 渤 汪寿阳 著

科 学 出 版 社

北 京

内 容 简 介

后金融危机引发的海运需求萎缩与港口前期建设过度,导致我国港口产能过剩日益凸显,科学解决港口产能过剩问题关乎港口产业的可持续发展。因此,本书围绕港口战略管理中的这一实际问题进行研究。首先,综合分析中国和全球航海运输行业的发展现状以及全球经济和贸易形势,基于TEI@I综合集成预测方法论的理论框架和实证研究基础,建立预测模型,从而预测我国沿海主要港口的集装箱吞吐量。然后,经过综合分析影响港口通过能力的各种要素,结合各相关模型,研究相关要素对通过能力的影响程度,对我国沿海主要港口的通过能力进行测算,并对模型进行实证检验。接着,对预测结果与通过能力进行比较,判断港口是否产能过剩,并设计港口建设启动方案。最后,从我国沿海港口全局发展管理角度出发,构建港口合作竞争博弈模型,进而为我国港口管理部门制定港口管理决策提供理论依据和建设性意见。

本书可供从事集装箱港口研究的科研人员和决策者阅读参考。

图书在版编目(CIP)数据

中国港口的产能过剩 / 鲁渤,汪寿阳著 . —北京:科学出版社,2018.11
ISBN 978-7-03-059200-2

Ⅰ.①中… Ⅱ.①鲁… ②汪… Ⅲ.①港口经济-生产过剩-研究-中国 Ⅳ.①F552

中国版本图书馆 CIP 数据核字(2018)第 245319 号

责任编辑:张艳芬 乔丽维 / 责任校对:郭瑞芝
责任印制:张 伟 / 封面设计:陈 敬

科 学 出 版 社 出版
北京东黄城根北街 16 号
邮政编码:100717
http://www.sciencep.com

北京中石油彩色印刷有限责任公司 印刷
科学出版社发行 各地新华书店经销
*

2018 年 11 月第 一 版 开本:720×1000 B5
2018 年 11 月第一次印刷 印张:7 3/4
字数:145 000

定价:88.00 元
(如有印装质量问题,我社负责调换)

前　　言

　　我国港口实施属地化管理后,各沿海地方政府竞相采用以港兴城发展方式,将港口的发展作为城市经济发展的一个重大战略,不断加大对港口建设的投入。目前,在我国 3.2 万 km 海岸线上,自北向南已分布形成了环渤海地区港口、长三角地区港口、东南沿海地区港口、珠三角地区港口和西南沿海地区港口五大港口群,这与西方港口发达国家得出的规律“200km 内的港口应具有不同规模”不相符合,而在我国平均 50km 就建有一个 1000 吨级以上的港口。

　　欧美制造业回流引发的海运需求持续萎缩与港口过度建设等问题导致我国近期港口产能过剩矛盾日益凸显,这一问题已引起了业界的广泛关注。特别是在全球经济普遍不景气和贸易保护主义抬头的情况下,未来一段时间,我国港口产业将更为困难,且短期内难以恢复。

　　本书紧密围绕港口战略管理中的这一实际问题进行研究,综合比较港口通过能力与港口物流需求预测结果,判断港口是否产能过剩,并设计港口建设启动方案。从我国沿海港口全局发展管理角度出发,构建港口合作竞争博弈模型,进而为我国港口管理部门制定港口管理决策提供理论依据和建设性意见。

　　本书的研究工作得到了国家自然科学基金委员会、中国科学院预测科学研究中心、中国科学院大学经济与管理学院等单位及机构的资助和支持。

　　书中主要港口集装箱吞吐量数据来源于 CEIC 数据库或港口官方网站以及港口企业报告,在此一并表示感谢。

　　限于作者学识和水平,书中难免存在不足之处,诚恳地欢迎广大读者批评指正。

作　者

2018 年 2 月

目　　录

第1章 中国港口产能过剩研究背景及意义

由于长时间的经济萎靡,我国基础行业产能过剩的局面日趋严峻,对我国未来经济的健康可持续发展产生了严重的负面影响。2009年9月,国务院批转国家发展和改革委员会(以下简称发改委)等部门《关于抑制部分行业产能过剩和重复建设引导产业健康发展的若干意见》(国发〔2009〕38号)提出,要认真贯彻执行"抑制产能过剩和重复建设"。2013年10月,国务院下发《国务院关于化解产能严重过剩矛盾的指导意见》(国发〔2013〕41号),文件指出:应充分认识化解产能严重过剩矛盾的重要性和紧迫性,并特别提出了船舶等行业的施策意见。由此可见,解决产能过剩问题是现在和将来一个时期我国政府推进产业结构升级和经济结构调整的重要工作。

1.1 中国港口产能过剩的研究背景

1. 中国港口过度建设导致港口产能过剩

我国港口实施属地化管理之后,各沿海城市纷纷实施"以港兴市"战略,将港口发展列入城市经济发展的重要战略,不断加大对港口建设的投入力度。目前,我国大陆海岸线长1.8万多千米,自北向南已分别形成了环渤海地区港口、长三角地区港口、东南沿海地区港口、珠三角地区港口以及西南沿海地区港口五大港口群。西方港口发达国家针对港口的分布与发展得出的规律是"200km以内建设的港口,其规模应有所差别"(申彦波,2017),但是在我国沿海地区形成了以共享腹地为特征的平均50km就建有一个1000吨级以上港口的港口群。交通运输部水运局港口管理处所公布的统计数据表明:截至2014年底,有万吨级及以上泊位2301个分布在我国各港口,同比增加115个。2015年,仍有多地提出打造亿吨级港口目标,各地政府在港口建设方面的加码将进一步加剧产能过剩状况。

根据交通运输部2014年数据统计,我国各港口的实际吞吐能力平均过剩30%~40%,即使过剩产能较近的长三角地区港口,平均过剩产能也超出2%,珠三角地区港口过剩产能约3%。由于供大于求,在我国五大港口群体间及同一港群内,形成了同质化程度较高的共享腹地港口群体系,对货源地的争夺将日趋激烈(Anna et al.,2014;Haddad et al.,2015;汪寿阳等,2015;汪寿阳等,2014;汪寿阳等,2013;王爱虎和刘晓辉,2013;孙光圻和孙夏君,2013)。因此,2014年6月,交通运输部下发的《交通运输部关于推进港口转型升级的指导意见》(交水发〔2014〕112 号)文件指出:"要合理实施新港区开发,合理确定开发规模和分期实施方案,防止新港区低水平重复建设和过度超前。"

2. 欧美制造业回流导致外贸航运需求萎缩,加剧我国港口产能过剩

2008 年金融风暴之后,美国深刻意识到了依靠金融产业和信贷促进经济增长的短期性,开始重视国内产业特别是先进制造业的发展。很多美国制造企业陆续将海外生产线回归美国本土,或在本土建设生产线,"制造业回流"颇显声势(林珏,2013)。

港口航运货物来源主要由港口国际中转货物与港口腹地生产货物两部分构成。由于我国港口国际中转货物率偏低(国内最大集装箱港上海港仅为 14%,同期韩国的釜山港为 65%,新加坡的新加坡港为 90%),支撑我国港口航运的货物主要源自港口腹地制造业企业的产品供给。此外,根据我国商务部数据统计,在这些制造业企业生产的产品中,70%以上产品将运往欧美国家和地区。由此说明,欧美国家和地区的货运需求对我国港口航海运输行业具有重要影响。

欧美制造业回流引发的海运需求持续萎缩与港口过度建设等问题导致我国近期港口产能过剩问题日益凸显(汪寿阳等,2012;杨晓光等,2012),已成为我国港口产业最受关注的问题之一(孙光圻和杨丽韫,2010)。我国商务部 2014 年发布的数据表明,国际进出口贸易的负面因素对我国港口吞吐量产生了严重的负面影响,2014 年我国集装箱吞吐量中已存在较为严重的产能过剩现象,外部需求的负面影响在未来几年里将会进一步体现。特别是在全球经济普遍不景气和贸易保护主义抬头的情况下,未来一段时间,我国港口产业将更为困难,且短期内难以恢复。

1.2　中国港口产能过剩的研究意义

1.2.1　港口产能过剩研究的现实意义

产能过剩将会导致中国港口资源的浪费。由港口产能过剩所引发的市场恶性竞争,将导致港口企业破产或开工不足,工人失业,并造成港口海岸稀缺资源浪费,遏制港口产业的可持续发展,甚至将严重影响中国经济的可持续发展。因此,合理解决好我国港口产能过剩问题,并设计科学的港口发展策略,成为我国港口产业战略管理的核心问题。

1. 港口产能过剩导致工人失业与市场不良竞争

港航企业经营日益艰难。在全球经济危机爆发之后,我国港航企业的发展实力受到严重削弱,加上目前港口规模的不断扩大,在市场需求不足的情况下,港航企业的利润空间被不断压缩,经营越发艰难,从而导致失业率增加,且就业压力同样巨大。由港口产能过剩导致的港口行业的不良竞争,将会严重影响港口企业的正常经营,对行业就业产生严重影响,打破原有市场秩序。

产能过剩导致航运市场不良竞争。2017年,我国内地有7个港口集装箱吞吐量超过千万标准箱(TEU),且这一数字在逐年增加,导致经济腹地的耦合度不断加大,港口之间对市场份额的争夺也日益激烈。为争夺市场份额,价格战、广告战、商情战成为港口之间的经常性争夺手段。

2. 港口产能过剩导致岸线资源破坏及环境问题

港口海岸岸线资源作为一种宝贵的一次性自然资源,随着我国沿海地区经济的快速发展,其稀缺性与重要性日益凸显。近年来,随着地方政府对沿水岸线资源的过度开发,重复建设造成负面影响日趋严重已成为既成事实。这导致了岸线资源的严重浪费,同时港口之间的产业缺乏必要的合作,也使得设备未能得到充分利用。

从港口的投资与建设层面上看,投资额度较大、运行成本过高、收益率不高以及投资的回收期过长等都是目前集装箱码头所具有的较为突出的特点,港口的过度建设给资源造成了极大程度的浪费。由2017年数据分析得出,在我国建设1延长米(用于统计或描述不规则的条状工程的工程量)的码头,就会消耗40万~50万元的直接投资。港口每增大1亿吨的吞吐能力,其设施要占用的深水岸线长度就超过10km;港口用海如泊位和锚地等所需50~100km²,用于港口运输设备、吊运设备、物流园区等港口设施的投资额超50亿元。港口每过剩10亿吨的吞吐能力,则致使400亿~500亿元的直接投资以及500亿元的间接投资未能发挥其作用;同时将浪费约100km岸线资源及500~1000km²海域资源。在港口的建设方面,各地政府之间没有构建良好的协调合作机制和形成良好的竞争氛围,致使港口的自然垄断优势与地位不能充分体现。过度的竞争将会阻碍码头的建设及可持续发展,同时也对港口周边城市经济的健康发展产生很大的负面影响。尽管港口对所在地区的经济发展具有很大的促进作用,但并不是所有的岸线均适合建造港口,建造港口所消耗的资源是一次性资源。随着我国经济不断发展,对港口资源的开发正在不断进行,如果对港口资源不能很好地保护且有规律地开发,必然会造成港口资源的浪费和资源紧缺,对我国社会经济持续健康发展造成重大损失。

3. 港口产能过剩对我国经济增长产生不利影响

2013年10月,国务院发布《关于化解产能严重过剩矛盾的指导意见》(国发〔2013〕41号),同年11月,国家自然资源部(原国土资源部)下发文件《严禁为产能严重过剩行业供地》。可以看出,国家已对产能过剩问题的严重性有了较为明确的认识,并且认为能否成功解决将会影响我国未来经济的长远发展。

港口建设投资作为社会基础设施具有以下特点:投资额度大、建设周期长,直接经济效益偏低,但长远经济效益和社会效益较为显著。在集装箱港口方面,无节制地扩大规模与投资,不但会造成严重的资金、码头浪费,而且会使港口利用率越来越低,进而对我国港口未来发展造成影响。对岸线资源不合理的开发以及对未来产能的透支必然会影响港口的规划发展。如果港口吞吐能力不能充分发挥出来,新建港将无法产生效益,资金也就无法及时回收。盲目地扩大港口规模只会降低港口利用率,使港口规划越来越困难。随着各种自动化港口设备和各类港口生产软件的应用,港口吞吐能力还会得到很大提升,而我国对港口吞吐能力的设计核算还处于起步阶段。

如果港口吞吐能力出现产能严重过剩,将导致港口企业的经济效益下滑,加上金融危机重创,其发展实力也会受到一定程度的冲击。为了提升竞争力、增加效益,港口企业必然会通过降价的手段来争夺市场份额,从而产生不良竞争的局面,破坏现有的市场规则。同时,港口与港口之间的腹地耦合一定程度上是由港口盲目建设导致的,致使货物单一。地方政府之间协调不足,导致同质化竞争激烈,这对港口和地方经济的长久持续发展是很不利的。

现代物流是科技发展、集装箱运输发展的必然结果,也是现代社会经济发展对货物运输的现实需要。作为当代货物流转的枢纽,港口对当前整个物流业的发展具有重要的影响。产能过剩导致港口企业在与货主和船务公司的互动中丧失主体地位,进而影响了港口物流业的快速发展。

总而言之,集装箱港口过度建设以及有限的港口资源无序利用与浪费引起的产能过剩,必将影响集装箱港口的健康发展,从而制约经济的长期健康可持续增长。

1.2.2　港口产能过剩研究的理论意义

利用对港口通过能力与港口物流需求预测结果进行比较来对港口产能过剩进行研究。港口通过能力是港口生产的根本属性,由于影响因素相对固定,并且研究方法较为成熟,准确预测港口物流需求成为研究港口产能过剩的关键问题。港口物流需求预测是物流资源合理配置、港口物流规划过程中极为重要的一步,同时也为政府和港口管理部门制定科学发展规划及切实可行的市场开拓策略提供依据(许利枝和汪寿阳,2011)。此外,港口物流需求预测还是政府评估港口物流行业对当地经济发展贡献大小的重要指标,从而为港口物流行业的发展制定政策,并为合理利用与优化配置物流市场资源提供引导作用。

目前,国内外绝大部分学者对于港口物流需求预测的研究是以线性回归作为主要方法来进行处理,套用历年数据建模预测。但在处理高维度、时间序列等非线性关系数据时,效果不理想。随着发展历程和智能化程度的提高,逐渐有学者结合人工智能手段研究港口物流需求预测。应用人工神经网络分析则导致泛化能力下降且模型结构难以确定。虽然支持向量机的模型对此进行了适当改进,但在影响物流需求指标过多时,会增加计算量和分析问题的复杂性,尤其在指标具有较强相关性时,会产生影响计算精度等一系列问题。因此,现阶段研究受限于不同的物流标准,缺乏直接可用的数据等,继续利用回归分析工具和人工智能手段对港口物流需求进行预测,不仅无法保证预测的准确性,而且不能从理论上保证预测模型的学习精确性和泛化能力。

港口促进所在地区经济产业的发展是一种集聚经济效应。港口物流业的发展,将会促使更多的资金、技术和劳动力向港口所在地区集中。港口在区域经济发展中起着一个“增长极”的作用,以港口为关键枢纽将周边地域“极化”成一个货物流通整体。而这种集聚效应又将会产生一种向心力,促使更多经济活动和产品向港口靠拢,增加港口的货物处理量,从而反过来促进港口的发展。因此,港口对周边货物的凝聚能力与空间经济理论的经济集聚效应具有相同的原理。

此外,基于空间经济理论的港口物流需求预测,是结合每个目标港口未来的动态发展目标构建预测模型,即以预测目标港口的未来行为时刻作为时间节点,而非预测时刻作为时间节点。这样在预测过程中,就可以充分把握各个预测目标港口从过去到未来各个时间点的变化,使预测结果更加贴近实际。

目前,国内外学者通过空间经济产业集聚理论研究港口物流需求预测,进而分析港口产能过剩方面的经验和成果相对较少。本书立足于这一现状,从以下方面进行分析:

首先,结合计量经济学与系统仿真技术建模测算我国主要港口的通过能力。

其次,分析由多种运输模式组成的疏运网络对港口和腹地隶属关系的影响,划分港口腹地范围。

接着,从派生需求方面分析腹地经济对港口物流需求的影响,分析出影响物流需求的主导因素。

然后,结合每个预测目标港口未来的动态发展目标,基于空间经济理论构建需求模型进行预测,发现港口对商品的集聚能力与空间经济集聚效应的内在关联性,将预测研究思路延伸至空间经济领域。

进而,通过全方位地将港口物流需求预测结果与现在港口通过能力进行比较,判断港口是否产能过剩,并为港口建设提出指导方案。

最后,构建港口合作竞争博弈模型研究我国港口发展策略,据此给出建设性意见,从而为化解港口产能过剩矛盾奠定理论研究基础。

因此,本书注重将管理学方法应用于解决我国港口产业实际发展问题,有重要的现实意义和学术研究价值。

1.3　国内外研究现状及发展动态分析

本节主要从两个角度,对基于空间经济理论的港口物流需求预测与我国港口产能过剩对策的现有相关研究现状进行综述,包括港口产能过剩问题研究现状评述、港口物流需求预测研究现状评述。

1. 港口产能过剩问题研究现状评述

从形成机理来看,需求萎缩和投资过度是导致我国目前港口产能过剩的两个关键原因(Shahin et al. ,2015;Ng et al. ,2013;Fabling and Grimes,2013;van den Berg et al. ,2012;Rodrigue and Notteboom,2012)。因此,通过定量分析手段研究沿海港口供需状况,对解决目前我国港口是否存在产能过剩的争论,以及极早规避港口产能过剩将导致的投资浪费、环境破坏、经营效率下降等一系列问题具有重要意义(Castillo-Manzano et al. ,2013;Castillo-Manzano and Asencio-Flores,2012;Regmi and Hanaoka,2012;陆大道,2012)。

现有研究主要集中于探讨港口产能过剩的形成原因(Agnolucci et al. ,2013;Xiao et al. ,2013;Jara-Díaz et al. ,2013;Takahashi,2013),通过分析港口产业发展现状,对港口通过能力与完成吞吐量的现有数据进行比较(van den Berg and de Langen,2011;Jung,2011;Feo-Valero et al. ,2011;Woxenius and Bergqvist,2011),就产能过剩的类型、形成原因进行探讨,并从经验角度提出建设性意见(Talley et al. ,2014;Jung,2011;匡海波等,2012;杜麒栋和孟文君,2010)。结合港口产能过剩机理,通过定量建模研究港口通过能力与物流需求,解析港口产能过剩类型,进而采用管理学方法设计合理的港口发展策略的文献较少(Shan et al. ,2014;Albalate et al. ,2013;Bendall and Brooks,2011;刘戈和陈燕,2012),需要进一步研究。

2. 港口物流需求预测研究现状评述

国内外大部分学者主要利用线性回归方法来进行港口物流需求预测的研究,应用历年数据进行建模预测(Cang and Yu,2014;Jaipuria and Mahapatra,2014;Ma et al. ,2013)。根据发展阶段和智能化程度的高低,大致可将其分为两个阶段。

第一阶段,基于传统统计学的预测方法。该类方法主要包括马尔可夫链、弹性系数法、投入产出模型、货运强度法、聚类法、灰色理论模型、回归分析法等(Bandyopadhyay and Bhattacharya,2013;Gosasang et al. ,2011;Kolassa,2011)。虽然这一类在分析线性数据时,对构造模型具有较强的解释性(Wang and Cullinane,2014;Bacchetti and Saccani,2012),但随着港口物流需求预测研究的不断推进,其

不足逐一显现出来:

第一,真实可靠的港口物流需求数据样本非常少且难以收集(Ducruet et al.,2010;胡宝雨等,2011),这影响了预测方法的实证检验(Zheng et al.,2015;Notteboom,2010)。尤其是,国内大多数文献只是将各种研究方法进行综述,港口物流需求预测这方面的实证研究不多(胡家兴等,2012),不具有现实意义。

第二,这些方法对高维度、呈非线性关系的时间序列数据的分析效果不尽如人意(Rodrigue et al.,2010;黄海军,2005)。

第二阶段,基于人工智能的预测方法。为了使预测准确性更高,学者应用了人工智能方法,如专家系统推理规则、人工神经网络等(Song et al.,2013;Polebitski and Palmer,2010;Taylor,2010),尽管预测的准确性有了更高的保证,但仍存在诸多问题。为了使预测模型的精确度和稳定性有更高的保证,有学者(Wang and Cullinane,2014;黄虎等,2008)开始探究基于支持向量机的模型预测方法。虽然取得了一定的成效,但仍有许多问题待解决(Lin,2013;Quan et al.,2010;Yang et al,2010),主要表现为:

第一,学习样本数量不足时,学习期间的误差常常将导致模型收敛于部分极小点,学习精度无法保证(Behrens and Picard,2011;de Borger and de Bruyne,2011);反之,又容易陷入维数灾难(Crone et al.,2011;Frémont and Franc,2010)。

第二,主要依靠经验风险最小化的准则,无法从理论方面确保预测模型的泛化能力,这使得经过处理后的预测模型对新数据集没有稳定的预测效果(Mestekempera et al.,2013;高自友等,2006)。

第三,目前研究影响港口物流预测模型的指标及权重赋值问题主要根据行业研究者及从业者的经验,采用主成分分析和因子分析等方法,这些方法缺乏新意(Sunding and Swoboda,2010)。

参 考 文 献

杜麒栋,孟文君.2010.港口产能过剩之探讨及解决之道[J].中国港口,(1):13-15.

高自友,赵小梅,黄海军,等.2006.复杂网络理论与城市交通系统复杂性问题的相关研究[J].交通运输系统工程与信息,6(3):41-47.

胡宝雨,王孝坤,陈燕.2011.双重改进灰色马尔可夫模型的物流园区物流量预测[J].大连海事大学学报,37(1):91-94.

胡家兴,陈燕,张立东.2012.基于混沌神经网络的交通流预测算法[J].济南大学学报(自然科学版),26(2):152-155.

黄海军.2005.城市交通网络动态建模与交通行为研究[J].管理学报,2(1):18-22.

黄虎,蒋葛夫,严余松,等.2008.基于支持向量回归机的区域物流需求预测模型及其应用[J].计算机应用研究,25(9):2738-2740.

匡海波,李伟,张欣.2012.我国沿海集装箱港口的供需缺口研究[J].系统工程理论与实践,

1(32):83-90.

林珏.2013.美国第三轮量化宽松政策启动的背景及影响分析[J].世界经济研究,(1):67-73.

刘戈,陈燕.2012.辽宁港口群集装箱运输协调发展策略[J].集装箱化,23(12):1-4.

陆大道.2012.关于避免中国交通建设过度超前的建议[J].地理科学,32(1):2-11.

申彦波.2017.港口供给侧改革的难点与对策[J].中国港口,16-18.

孙光圻,刘洋.2010.第四代港口对中国港口建设的启示[J].中国港湾建设,(5):71-73.

孙光圻,孙夏君.2013.港口物流2012年回顾与2013年展望[J].中国物流与采购,(4):38-42.

孙光圻,杨丽韫.2010.中国港口资源整合的现状、问题与对策[J].世界海运,(4):24-29.

汪寿阳,谢刚,胡毅,等.2015.2015年全球TOP 20集装箱港口预测报告[M].香港:Global-Link Publisher.

汪寿阳,谢刚,黄安强,等.2013.2013年全球TOP 20集装箱港口预测报告[M].香港:Global-Link Publisher.

汪寿阳,谢刚,许利枝,等.2014.2014年全球TOP 20集装箱港口预测报告[M].香港:Global-Link Publisher.

汪寿阳,许利枝,梁小珍,等.2012.2012年全球TOP 20集装箱港口预测报告[M].香港:Global-Link Publisher.

王爱虎,刘晓辉.2013.港口竞争力研究综述[J].华南理工大学学报(社会科学版),15(1):9-24.

许利枝,方述诚,汪寿阳.2012.中国运输成本和效率对出口贸易影响的实证研究[J].系统工程理论与实践,32(5):1057-1067.

许利枝,汪寿阳.2011.港口物流预测研究:基于TEI@I方法论[J].交通运输系统工程与信息,12(1):173-179.

杨晓光,张嘉为,张珣,等.2012.2012年我国对外贸易形势的变动与走向[J].科技促进发展,(9):31-37.

Agnolucci P,Akgul O,McDowall W,et al.2013. The importance of economies of scale,transport costs and demand patterns in optimising hydrogen fuelling infrastructure:An exploration with SHIPMod(spatial hydrogen infrastructure planning model)[J]. International Journal of Hydrogen Energy,38(26):11189-11201.

Albalate D,Bel G,Fageda X.2013. Joint versus single management of large transport infrastructures[J]. Ocean and Coastal Management,71(1):163-169.

Anna B,Maurizio C,Claudio F,et al.2014. Ports and regional development:A spatial analysis on a panel of European regions[J]. Transportation Research Part A:Policy and Practice,65:44-55.

Bacchetti A,Saccani N.2012. Spare parts classification and demand forecasting for stock control: Investigating the gap between research and practice[J]. Omega,40(6):722-737.

Bandyopadhyay S,Bhattacharya R.2013. A generalized measure of bullwhip effect in supply chain with ARMA demand process under various replenishment policies[J]. International Journal of Advance Manufacturing Technology,68(5-8):963-979.

Behrens K,Picard P M.2011. Transportation,freight rates,and economic geography[J]. Journal of International Economics,85(2):280-291.

Bendall H B,Brooks M R.2011. Short sea shipping:Lessons for or from Australia[J]. Transport

Logistics, 3(4): 384-405.

Brooks M R, Puckett S M, Hensher D A, et al. 2012. Understanding mode choice decisions: A study of Australian freight shippers[J]. Maritime Economics and Logistics, 14(3): 274-299.

Cang S, Yu H. 2014. A combination selection algorithm on forecasting[J]. European Journal of Operational Research, 234(1): 127-139.

Castillo-Manzano J I, Asencio-Flores J P. 2012. Competition between new port governance models on the Iberian Peninsula[J]. Transport Reviews, 32(4): 519-537.

Castillo-Manzano J I, González-Laxe F, López-Valpuesta L. 2013. Intermodal connections at Spanish ports and their role in capturing hinterland traffic[J]. Ocean & Coastal Management, 86(4): 1-12.

Crone S F, Hibon M, Nikolopoulos K. 2011. Advances in forecasting with neural networks? Empirical evidence from the NN3 competition on time series prediction[J]. International Journal of Forecasting, 27(3): 635-660.

de Borger B, de Bruyne D. 2011. Port activities, hinterland congestion and optimal government policies: The role of vertical integration in logistics operations[J]. Journal of Transport Economics and Policy, 45(2): 247-275.

Ducruet C, Lee S W, Ng K Y A. 2010. Centrality and vulnerability in liner shipping networks: Revisiting the Northeast Asian port hierarchy[J]. Maritime Policy and Management, 37(1): 17-36.

Fabling R, Grimes A. 2013. Any port in a storm: Impacts of new port infrastructure on exporter behavior[J]. Transportation Research Part E: Logistics and Transportation Review, 49: 33-47.

Feo-Valero M, García-Menéndez L, Sáez-Carramolino L, et al. 2011. The importance of the inland leg of containerizedmaritime shipments: An analysis of modal choice determinants in Spain[J]. Transportation Research Part E: Logistics and Transportation Review, 47(4): 446-460.

Frémont A, Franc P. 2010. Hinterland transportation in Europe: Combined transport versus road transport[J]. Journal of Transport Geography, 18(4): 548-556.

Gosasang V, Chandraprakaikul W, Kiattisin S. 2011. A comparison of traditional and neural networks forecasting techniques for container throughput at Bangkok port[J]. The Asian Journal of Shipping and Logistics, 27(3): 463-482.

Haddad E A, Hewings G J D, Porsse A A, et al. 2015. The underground economy: Tracking the higher-order economic impacts of the São Paulo subway system[J]. Transportation Research Part A: Policy and Practice, 73: 18-30.

Hensher D A, Truong T P, Mulley C, et al. 2012. Assessing the wider economy impacts of transport infrastructure investment with an illustrative application to the north-west rail link project in Sydney, Australia[J]. Journal of Transport Geography, 24(3): 292-305.

Jaipuria S, Mahapatra S S. 2014. An improved demand forecasting method to reduce bullwhip effect in supply chains[J]. Expert Systems with Applications, 41(5): 2395-2408.

Jara-Díaz S R, Cortés C E, Morales G A. 2013. Explaining changes and trends in the airline industry: Economies of density, multiproduct scale, and spatial scope[J]. Transportation

Research Part E:Logistics and Transportation Review,60(12):13-26.

Jung B M. 2011. Economic contribution of ports to the local economies in Korea[J]. The Asian Journal of Shipping and Logistics,27(1):1-30.

Kolassa S. 2011. Combining exponential smoothing forecasts using Akaike weights[J]. International Journal of Forecasting,27(2):238-251.

Li D Y,Lu Y,Wu M Q. 2012. Industrial agglomeration and firm size:Evidence from China[J]. Regional Science and Urban Economics,42(1):135-143.

Lin K P,Pai P F, Yang S L. 2011. Forecasting concentrations of air pollutants by logarithm support vector regression models with immune algorithms[J]. Applied Mathematics and Computation,217(12):5318-5327.

Lin K P. 2013. Application of least-squares support vector regression with PSO for CPU performance forecasting[J]. Advanced Materials Research,630(10):366-371.

Ma Y, Wang N, Che A, et al. 2013. The bullwhip effect on product orders and inventory: A perspective of demand forecasting techniques[J]. International Journal of Production Research, 51(1):281-302.

Mestekempera T,Kauermann G, Smith M S. 2013. A comparison of periodic autoregressive and dynamic factor models in intraday energy demand forecasting[J]. International Journal of Forecasting,29(1):1-12.

Ng A K Y,Padilha F,Pallis A A. 2013. Institutions,bureaucratic and logistical roles of dry ports: The Brazilian experiences[J]. Journal of Transport Geography,27(2):46-55.

Notteboom T E. 2010. Concentration and the formation of multi-port gateway regions in the European container port system: An update [J]. Journal of Transport Geography, 18 (4): 567-583.

Polebitski A,Palmer R. 2010. Seasonal residential water demand forecasting for census tracts[J]. Journal of Water Resources Planning and Management,136(1):27-36.

Quan T,Liu X,Liu Q. 2010. Weighted least squares support vector machine local region method for nonlinear time series prediction[J]. Applied Soft Computing,10(2):562-566.

Ramos-Real F J, Tovar B. 2010. Productivity change and economics of scale in container port terminals:A cost function approach[J]. Journal of Transport Economics and Policy,44(2): 231-246.

Regmi M B, Hanaoka S. 2012. Assessment of intermodal transport corridors:Cases from northeast and central Asia[J]. Research in Transportation Business and Management,5:27-37.

Rodrigue J P,Debrie J,Fremont A,et al. 2010. Functions and actors of inland ports:European and North American dynamics[J]. Journal of Transport Geography,18(4):519-529.

Rodrigue J P, Notteboom T. 2012. Dry ports in European and North American intermodal rail systems:Two of a kind? [J]. Research in Transportation Business & Management,5:4-15.

Shahin G,Rahimeh N,Monemi S N. 2015. Multi-period hub location problems in transportation [J]. Transportation Research Part E:Logistics and Transportation Review,75(6):67-94.

Shan J,Yu M Z, Lee C Y. 2014. An empirical investigation of the seaport's economic impact:

Evidence from major ports in China[J]. Transportation Research Part E: Logistics and Trans-portation Review, 69: 41-53.

Song H, Gao B Z, Lin V S. 2013. Combining statistical and judgmental forecasts via a web-based tourism demand forecasting system[J]. International Journal of Forecasting, 29(2): 295-310.

Sunding D I, Swoboda A M. 2010. Hedonic analysis with locally weighted regression: An application to the shadow cost of housing regulation in southern California[J]. Regional Science and Urban Economics, 40: 550-573.

Takahashi T. 2013. Agglomeration in a city with choosy consumers under imperfect information [J]. Journal of Urban Economics, 76(7): 28-42.

Talley W K, Ng M W, Marsillac E. 2014. Port service chains and port performance evaluation[J]. Transportation Research Part E: Logistics and Transportation Review, 69(3): 236-247.

Taylor J W. 2010. Triple seasonal methods for short-term load forecasting[J]. European Journal of Operational Research, 204(1): 139-152.

van den Berg R, de Langen P W, Costa C R. 2012. The role of port authorities in new intermodal service development: The case of Barcelona Port Authority[J]. Research in Transportation Business and Management, 5: 78-84.

van den Berg R, de Langen P W. 2011. Hinterland strategies of port authorities: A case study of the port of Barcelona[J]. Research in Transportation Economics, 33(1): 6-14.

Wang Y H, Cullinane K. 2014. Traffic consolidation in East Asian container ports: A network flow analysis[J]. Transportation Research Part A: Policy and Practice, 61(1): 152-163.

Woxenius J, Bergqvist R. 2011. Comparing maritime containers and semi-trailers in the context of hinterland transport by rail[J]. Journal of Transport Geography, 19(4): 680-688.

Xiao R, Su S L, Wang J Q, et al. 2013. Local spatial modeling of paddy soil landscape patterns in response to urbanization across the urban agglomeration around Hangzhou Bay, China[J]. Applied Geography, 39(5): 158-171.

Zheng J, Meng Q, Sun Z. 2015. Liner hub-and-spoke shipping network design[J]. Transportation Research Part E: Logistics and Transportation Review, 75: 32-48.

第2章 港口产能过剩的判断标准及研究思路

2.1 港口产能过剩的基本概念

1. 产能利用率

产能利用率也称为设备利用率,是工业总产出对生产设备的比率,可以理解为有多大的生产能力在实际生产中被发挥出来了。它是体现生产能力利用情况、判断是否存在产能过剩现象最直接的指标。

在港口领域,码头的利用率即为生产能力的利用率。一般而言,一个码头的生产能力利用率不能超过一个合理上限,否则就意味着码头数量无法满足生产的需要,因而需要建设新码头;相反,一个码头的生产能力利用率也不能小于一个合理下限,否则就意味着港口出现了码头设备的闲置浪费现象(王建,2010;王凌峰,2010)。

2. 产能闲置率

当产能闲置超过一个合理限制时,就将出现产能过剩。当产能闲置率与产能利用率相加达到100%时,在一个合理范围的产能闲置可发挥蓄水池功能,对市场需求的波动也将发挥市场竞争机制,推动优胜劣汰,促进港口物流行业的正常运行。

3. 产能过剩

Chamberlin被认为是首次正式提出产能过剩概念的学者,以界定完全产能为基础,从微观经济学角度提出了产能过剩的概念。Chamberlin认为,完全产能是指在完全竞争均衡条件下的产出水平,是不完全竞争引起了经济组织的无效率,最终导致产能过剩。

产能过剩问题通常出现在市场经济情形下,且当产能闲置率超过一个合理界限时出现。我国的产能过剩为体制性产能过剩。政策杠杆的不合理利用,产生了政府大于市场的政府价格信号。21世纪至今,地方部门为追求GDP增长速度,不合理地使用各种经济政策杠杆,导致价格投资要素的调解作用大幅降低,企业把政府创造的价格信号当成投资策略的调节信号,从而导致许多投资不依据市场信号,转而依据政府价格信号进行。从这方面讲,目前我国产能过剩问题属于体制性产能过剩。

4. 港口产能过剩

港口产能过剩问题其实是码头通过能力和港口完成吞吐量之间的关系问题，即码头通过能力明显高于吞吐量的需求。通常情况下，新建设的码头，在其停靠船舶、装卸货物、存储货物等量比较少时，通过能力初始阶段都会存在富裕，但是随着货物运输需求不断增加，其通过能力也将随之增大。此外，港口作为有其特殊超前性的基础设施建设，应适度超前于目前的经济发展需求，这是因为审批建造码头的过程需花费两三年，如果码头货物吞吐量达到通过能力的界限，那么港口就需要着手计划新建码头泊位，这样当吞吐量增长到一定值时，新的增量就可以在新建的码头泊位进行装卸作业。因此，码头通过能力适度大于码头完成的吞吐量是较为合理的。然而，这并不意味着港口可以一味地扩建码头，当码头的通过能力超过完成吞吐量的合理限制时就会出现产能过剩。

2.2　港口产能过剩的判断标准

产能过剩区别于产能闲置的关键在于对"合理界限"范围的确定，其缺乏通用性的"黄金分割点"标准。因此，需凭借经验与逻辑分析，借助适当的观察指标来进行区分与识别。

在实践中，通常结合价格走势、财务盈亏、需求增长等方面的情况，再利用产能利用率这一指标，来判定是否产能过剩。图 2-1 展现了对产能利用与产能闲置的初步分类情况。产能利用率的左端为零至右端达到 100%，产能闲置率则恰好相反。产能利用与产能闲置共分八个区间：产能瓶颈时产能利用率达到 95% 以上，产能严重不足时处于 90%～95%，产能不足时处于 85%～90%，产能配置适度时处于 80%～85%，产能轻度过剩时处于 75%～80%，产能显著过剩时处于 60%～75%，产能严重过剩时处于 30%～60%，产能极度过剩时处于 30% 以下（王宇和李继春，2010）。

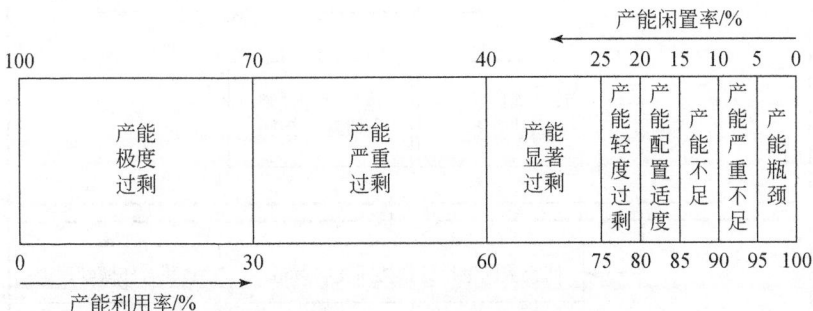

产能闲置率/%						
100　　　　70　　　　40		25	20　15	10	5　　0	
产能 极度 过剩	产能 严重 过剩	产能 显著 过剩	产能 轻度 过剩	产能 配置 适度	产能 不足	产能 严重 不足

0　　　　　　　30　　　　　　60　　　75 80 85　90　95 100

产能利用率/%

图 2-1　产能利用与产能闲置初步分类

2.3　港口产能过剩的研究思路及构架

本书将主要围绕后金融危机效应引发的海运需求萎缩与我国港口建设过度所导致的近期港口产能过剩问题展开分析(图 2-2):首先,综合研究全球经济和贸易走势、全球航运业的发展现状以及国际主要集装箱港口的发展规律和特点,基于 TEI@I 综合集成预测方法论的理论框架和实证研究基础,建立 TEI@I 综合集成预测模型,对我国沿海主要港口集装箱吞吐量进行预测;然后,基于计量经济学建模测算我国主要港口的通过能力;接着,综合比较港口通过能力与港口物流需求预

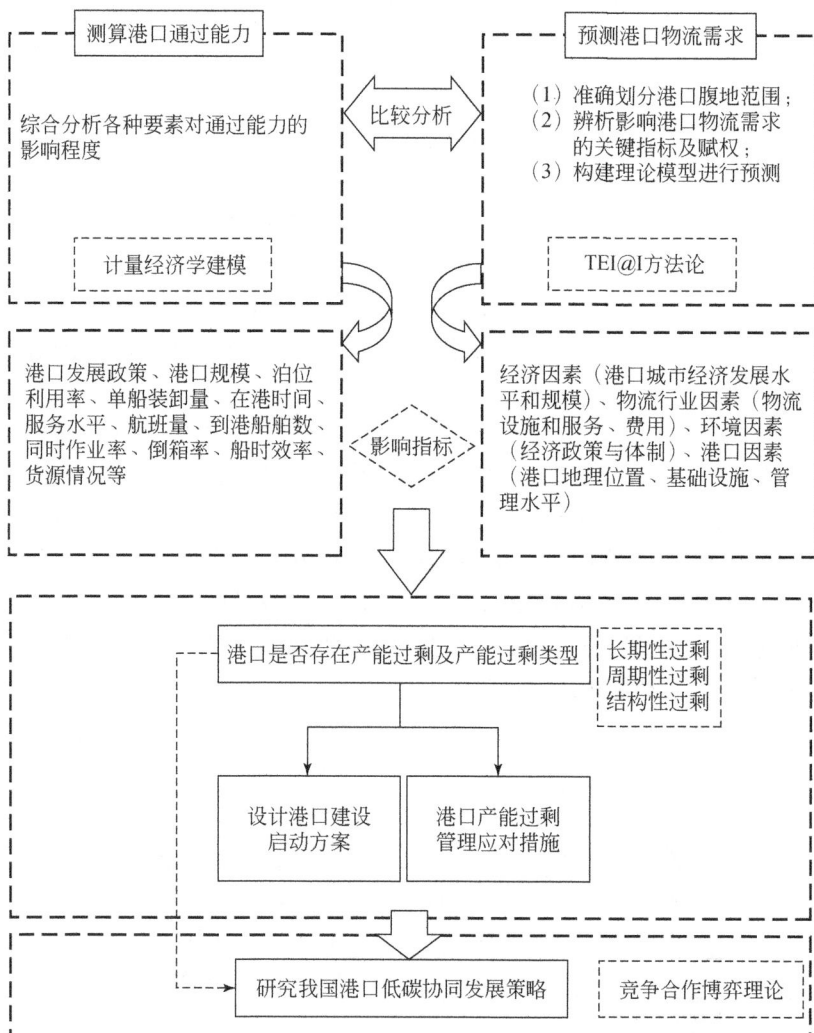

图 2-2　研究内容逻辑框架图

测结果,判断港口是否产能过剩;最后,从我国沿海港口全局发展管理角度出发,构建港口合作竞争博弈模型,研究我国港口的发展策略,据此设计方案给出意见。

参 考 文 献

王建.2010.后危机时代加快港口产业结构调整的思考[J].对策研究,(5):26-29.

王凌峰.2010.中国航运物流应走"绿色变革之路"[J].中国检验检疫,(11):52,53.

王宇,李继春.2010.物联网技术在智能港口中的应用前景[J].集装箱化,21(12):28-30.

第 3 章　基于 TEI@I 方法论的港口吞吐量预测方法

伴随着经济全球化与贸易一体化不断向前发展,作为全球贸易得以实现的重要设施、国际物流链上的重要一环以及全球综合运输网络的关键节点,港口的作用和地位日益凸显。

作为全球资源配置与货物交换的主要方式,港口物流不但加速了全球经济与贸易的发展,而且极大限度地促进了港口所在国家与地区的经济发展和贸易繁荣(Yu et al.,2014)。科学研究与预估港口运量,能够为港口、港口所在城市的发展与港口所在国家的经济增长提供决策所必需的未来信息,进而为促进区域经济健康发展、指导港口合理规划建设以及把握港口投资规模提供指导意见,港口货物运量及其未来发展动态已逐渐成为广大学者与企业关注的热点。

然而,作为全球资源合理配置的一个复杂开放系统,港口物流货运量存在很大的不确定性、波动性以及复杂性,使线性和非线性同时成为港口物流货运量数据的特征。本章引入 TEI@I 方法论的思想对港口物流货运量进行分析与预测,对影响港口物流货运的线性与非线性部分进行定量研究(田歆等,2009;许利枝和汪寿阳,2014);港口物流货运是一个复杂系统,同时把腹地港口间的动态竞争关系、港口物流货运与腹地需求及价格的动态关系考虑在内;统一对其他突发事件干扰因素进行研究,如自然灾害、政治因素、全球经济波动以及天气等,使港口物流系统的分析与预测能力得到提高(黄安强等,2011;Xiao et al.,2015)。

3.1　基于 TEI@I 方法论的综合集成建模思路

TEI@I 方法论是一种把新兴的人工智能技术和传统的计量经济方法紧密结合在一起的方法论。2004 年,中国科学院院士汪寿阳第一次提出 TEI@I 方法论,其是针对那些具有突现性、不稳定性、非线性以及不确定性等特征的现实复杂系统实现分析的全新研究方法论。它是将文本挖掘(text mining)、计量经济(econometrics)、智能技术(intelligence)集成(@integration)在一起形成的,是一种非叠加性集成,着重强调了集成的中心作用。此方法论是对以下三种方法的综合:计量方法(线性分析)、人工神经网络(非线性分析)技术、Web 文本挖掘(异常事件影响分析)技术,而对以上三种方法进行综合的方式决定了预测的精度。

TEI@I 方法论基于一种先拆分后集成的思想,先把复杂系统拆分成各个部分,应用计量模型对复杂系统所呈现的发展动态进行研究,借助人工智能技术对复杂系统的非线性及不确定性进行分析,进而借助 Web 文本挖掘技术对复杂系统的突现性及不稳定性进行分析,最终应用集成的思想,将以上拆分的复杂系统的各部分综合起来,形成对复杂系统总体的分析和建模,从而达到分析复杂系统的目的。

由于集装箱吞吐量存在相当大的波动性、不确定性与复杂性,集装箱运输需求同时具有线性和非线性两大特点,此外一些突发事件对其影响也很大,如海盗肆虐、局部动荡等,因此就目前而言,不管是线性预测模型、非线性预测模型还是两者的混合,对突发事件的影响都无法做到充分反映(黄安强等,2013)。对不规则重要事件影响的分析不仅要应用这些模型,还有必要引入专家判断来进行分析,如图 3-1 所示。将 TEI@I 方法论引入集装箱吞吐量预测中,其基本思路为:首先应用计量经济模型对集装箱吞吐量数据的线性发展做建模预测;然后应用人工智能技术对集装箱吞吐量数据的非线性趋势进行拟合;进而应用专家系统量化重要事件对集装箱运输需求产生的影响;最后将三者进行综合,产生一个集成的预测结果。

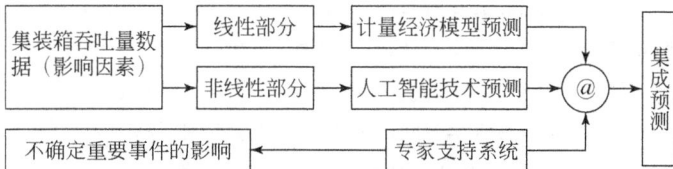

图 3-1　基于 TEI@I 的集装箱吞吐量集成预测模型

具体应遵循以下步骤进行预测,设集装箱吞吐量数据为 $\{Y_t, t = 1, 2, \cdots\}$。

首先,应用计量经济模型对集装箱吞吐量数据序列线性部分进行拟合。

其次,分别应用季节自回归滑动平均(auto-regressive moving average,ARMA)模型和 VAR 模型预测集装箱运输需求发展趋势和外部港口的竞争影响,得出两个预测结果,分别记为 $\{\dot{S}_t\}$ 和 $\{\dot{V}_t\}$,简单集成求均值,产生一个新的预测,记为 $\{\dot{E}_t\}$。由于集装箱吞吐量的影响因素复杂,因此一个线性模型无法进行预测,通过对比 Y_t 与 E_t,能够获得集装箱吞吐量的误差序列部分,记为 $\{e_t\}$,即

$$e_t = Y_t - \dot{E}_t \qquad (3-1)$$

再次,应用人工智能技术(如人工神经网络)对商品销售的非线性误差序列部分进行拟合,能够得到一个预测结果,记为 $\{\dot{I}_t\}$,实际上,误差序列部分做的是一个非线性映射,即

$$e_t = f(e_{t-1}, e_{t-2}, \cdots, e_{t-p}) \qquad (3-2)$$

接着,利用事件分析和专家判断,对一些影响时间较长或不规则且可提前预知的重要事件进行总结,随后借助专家系统对这些事件的影响进行量化,将这些影响记为 $\{\dot{T}_t\}$,可以看成是专家的判断性调整。

最后,将前面三者 $\{\dot{T}_t, \dot{E}_t, \dot{I}_t\}$ 进行组合,可以形成一个综合集成预测模型,即

$$\dot{Y}_t = \dot{T}_t + \dot{E}_t + \dot{I}_t \tag{3-3}$$

本章预测模型的构建主要使用季节 ARMA、VAR 等计量经济模型和径向基神经网络技术,下面对上述模型和技术进行简要介绍。

3.2　主要研究模型

1. 季节 ARMA 模型

季节 ARMA 模型是基于 ARMA 模型的变换形式,常用于一些随时间出现周期性变化、每个周期特定时刻的数据基本具备某种趋势或者处于同一水平的随机序列。阶数为 $(p,d,q) \times (P,D,Q)$ 的季节 ARMA 模型的数学表达式为

$$\varphi_p(B)\,\Phi_p(B^s)\,\nabla^d\,\nabla_s^D\,x_t = \theta_q(B)\,\Theta_Q(B^s)\,a_t \tag{3-4}$$

式中,$\nabla_s = 1 - B^s$ 为季节性差分算子;$\nabla_s^D\,x_t = (1 - B^s)^D\,x_t = \nabla_s^{D-1}\,x_t - \nabla_s^{D-1}\,x_{t-s}$;$\varphi_p(B) = 1 - \varphi_1 B - \varphi_2 B^2 - \cdots - \varphi_p B^p$;$\theta_q(B) = 1 - \theta_1 B - \theta_2 B^2 - \cdots - \theta_q B^q$;$\Phi_p(B^s) = 1 - \Phi_1 B^s - \Phi_2 B^{2s} - \cdots - \Phi_p B^{ps}$;$\Theta_Q(B^s) = 1 - \Theta_1 B^s - \Theta_2 B^{2s} - \cdots - \Theta_p B^{ps}$。

由式(3-4)可以看出,季节 ARMA 模型利用季节差分消除原始随机序列的周期性变化,进而转化成一个平稳时间序列,随后进行建模。

2. VAR 模型

VAR 模型最早被 Sims 引入经济学中,此后经济系统动态性分析逐渐被广泛引用。$\text{VAR}_{(p)}$ 模型的数学表达式为

$$y_t = A_1 y_{t-1} + \cdots + A_p y_{t-p} + B x_t + \varepsilon_t, \quad t = 1, 2, \cdots, T \tag{3-5}$$

式中,y_t 为 k 维内生变量向量;x_t 为 d 维外生变量向量;p 为滞后阶数;T 为样本个数;$k \times k$ 维矩阵 $A_1, \cdots, A_p$ 与 $k \times d$ 维矩阵 B 是需要进行估计的系数矩阵;ε_t 为 k 维扰动向量。

对于 $\text{VAR}_{(p)}$ 来说,一个重要方面是如何确定滞后期 p。滞后期 p 通常依据 LR 统计量、SC 信息准则、AIC 信息准则与 HQ 信息准则来进行选择。

3. 径向基函数神经网络

Powell 提出基于多变量插值的径向基函数(radial basis function, RBF)方法后,紧接着 Broomhead 与 Lowe 将 RBF 应用于神经网络设计,形成 RBF 神经网络。RBF 神经网络是一种包括输入层、隐层和输出层结构的前馈网络,学习过程划分为以下两个阶段:

第一阶段,依据所有的输入样本确定隐层 j 各节点的 RBF 的中心值 c_j 与 RBF 的宽度 σ_j。

第二阶段,在确定隐层 j 的参数后,依据样本,借助最小二乘原则得出输出层权值 w_i 。通常,在完成第二阶段的学习之后,依据样本信号,同时校正隐层与输出层的参数,从而进一步提升网络的精度。因此,依据给定的训练样本,高效快捷地确定 c_j 与 w_i 是训练 RBF 神经网络的关键。实际上,一旦确立了 c_j ,那么对于所有训练样本而言,Φ_j 与预期输出 y_k 都是已知的,w_j 可以由最小二乘法求出。

4. Web 文本挖掘(异常事件影响分析)技术

除上述模型拟合线性与非线性趋势以外,集装箱运输需求还会同时受到一些不规则/不可预料事件的影响。当某一突发事件发生时,借助专家系统模块能够确定该事件对集装箱吞吐量所产生的影响,进而获得一个预测值 T_t ,从而对预测值进行相应调整。当然,表 3-1 中内容还需及时根据实际情况进行更新与调整,从而保证其鲁棒性与健壮性。

表 3-1　异常事件对集装箱吞吐量的影响

分类及编号		重要事件	影响方向
军事和政治因素	1	战争	下降
	2	恐怖袭击	下降
	3	港口工人罢工	下降
	4	国际贸易壁垒	下降
区域竞争因素	5	周边港口崛起	下降
	6	周边港口营运效率变化	不确定
经济因素	7	经济危机	下降
		经济利好	上升
政策因素	8	集装箱运输车跨境牌照费大幅下降	上升
	9	码头处理费用下调	上升
自然灾害因素	10	地震	下降
	11	台风	下降
	12	海啸	下降
行业因素	13	集装箱操作技术大幅革新	上升
	14	集装箱空置率大幅下降	上升
	15	集装箱成本大幅下降	上升
	16	泊船成本大幅下降	下降

续表

分类及编号		重要事件	影响方向
其他因素	17	外汇汇率	不确定
	18	原油价格大幅增长	下降
	19	海盗	下降
	20	码头商和船舶商达成最低使用额协议	上升
	21	香港港码头商大幅增加对珠三角地区港口投资	不确定

参 考 文 献

黄安强,李梦,杨丰梅.2013.基于改进遗传规划算法的非线性集成预测新方法[J].系统科学与数学,33(11):1332-1344.

黄安强,肖进,汪寿阳.2011.一个基于集成情境知识的组合预测方法[J].系统工程理论与实践,31:55-65.

田歆,曹志刚,骆家伟,等.2009.基于TEI@I方法论的香港集装箱吞吐量预测方法[J].运筹与管理,18(4):82-89.

许利枝,汪寿阳.2014.集装箱港口预测及其实证研究:基于TEI@I方法论[M].北京:科学出版社.

Xiao Y, Wang S Y, Xiao M, et al. 2015. The analysis for the cargo volume with hybrid discrete wavelet modeling[J]. International Journal of Information Technology & Decision Making, 14: 1-13.

Yu M, Tian X, Yu L. 2014. Pricing scheme of ocean carrier for inbound container storage for assistance of container supply chain finance[J]. Discrete Dynamics in Nature and Society, 14(3):1-11.

第4章 世界经济和国际贸易发展概况

2015年,世界经济在萎靡中发展,国际贸易持续走低,金融市场波荡起伏,大宗商品价格大幅下跌。美国经济稳步复苏,欧元区经济保持复苏势头,日本经济复苏加快,新兴和发展中经济体经济发展速度略有下降。2016年,世界经济继续深度调整,全球经济增长速度比2015年有所放缓,国际贸易持续走低,全球资本市场动荡加剧,大宗商品交易价格受资本流动影响出现回升但起伏波动不定。美国经济起伏较大,欧元区与日本经济复苏势头有所减缓,新兴和发展中经济体经济发展区域性分化。

4.1 世界经济发展概况

1. 世界经济增长速度放缓

2017年国际货币基金组织(International Monetary Fund, IMF)公布的《世界经济展望》数据显示,2016年世界经济实现3.2%的增长,比2015年低0.2个百分点。其中,发达经济体经济的增长速度达到1.7%,与2015年相比下降了0.5%;新兴市场与发展中经济体经济增长速度同2015年持平,为4.3%。主要国家和地区的前景依然不均衡。与2015年相比,发达经济体的复苏速度略微减缓,而新兴市场与发展中经济体的经济活动经过持续第五年经济下行之后,下滑态势逐渐得到扭转。

美国2015年GDP增长了2.9%,与2014年相比增加了0.3%;欧元区GDP增长了2.0%,与2014年相比增加了0.7个百分点;日本GDP由0.3%增长至1.1%,比2014年提高了0.8个百分点;除此之外的其他发达经济体GDP增长了2.2%,与2014年相比增加了0.1%。2015年,新兴市场与发展中经济体GDP增长速度连续下跌,而且下跌幅度不断扩大,2013年下降了0.2%,2014年下降了0.4%,2015年下降了0.3%,但这种情况在2016年开始出现转变。表4-1展示了2014~2017年世界各主要经济体经济增长的详细数据,并给出了当时对2018年的预测。

2. 美国经济起伏较大

2015年,美国延续了经济复苏势头,美国经济分析局(Bureau of Economic

Analysis,BEA)数据显示,美国四个季度的 GDP 同比增长速度分别为 0.6%、3.9%、2.0% 和 1.4%,与 2014 年同期相比,增长速度分别为 1.5%、−0.7%、−2.3% 和 −0.7%。其中,对经济稳步增长做出突出贡献的个人消费支出同比增长 3.1%,比 2014 年增加 0.4 个百分点。而 2016 年对经济稳步增长做出突出贡献的个人消费支出同比增长则降为 2.8%。

表 4-1　国际主要经济体 GDP 年度同比增长速度　　　（单位:%）

主要经济体	实际				预测
	2014 年	2015 年	2016 年	2017 年	
国际产出	3.6	3.4	3.2	3.7	3.9
发达经济体	2.1	2.2	1.7	2.3	2.3
美国	2.6	2.9	1.5	2.3	2.7
欧元区①	1.3	2.0	1.8	2.4	2.2
德国	1.9	1.5	1.9	2.5	2.3
法国	0.9	1.1	1.2	1.8	1.9
日本	0.3	1.1	1.0	1.8	1.2
英国	3.1	2.2	1.8	1.7	1.5
新兴市场和发展中经济体	4.7	4.3	4.0	4.7	4.9
欧洲新兴市场与发展中国家	3.9	4.7	3.1	5.2	4.0
俄罗斯	0.7	−2.8	−0.2	1.8	1.7
亚洲新兴市场与发展中国家	6.8	6.8	6.4	6.5	6.5
中国	7.3	6.9	6.7	6.8	6.6
印度	7.5	8.0	7.1	6.7	7.4
东盟五国②	4.6	4.9	4.9	5.3	5.3
拉美和加勒比	1.2	0.1	−0.9	1.3	1.9
巴西	0.5	−3.8	−3.6	1.1	1.9
墨西哥	2.3	2.7	2.3	2.0	2.3
中东、北非、阿富汗和巴基斯坦	2.8	2.7	5.0	2.5	3.6

注:①欧元区不包括拉脱维亚;②东盟五国包括印度尼西亚、马来西亚、菲律宾、泰国和越南。数据来源于国际货币基金组织的《世界经济展望》。

除此之外,2015 年,美国失业率从 1 月的 5.7% 降至 12 月的 5%,为 2008 年 4 月以来的最低水平;美国劳工部统计数据显示,美国 2015 年消费价格指数同比增长 0.1%,其中核心消费价格指数同比增长 1.8%;2015 年,美国继续执行量化宽松政策,货币供应量曲线整体微幅上行。诸多不确定因素的影响,导致 2016 年美国经济增长起伏较大。

总体而言,在诸多不确定性的情况下,预计美国经济形势仍将好转。

3. 欧元区经济保持复苏势头

2015 年,欧元区经济复苏势头得以继续保持。受全球经济危机以及欧债危机的双重影响,欧元区经济在经历 2012 年和 2013 年两年负增长之后,自 2014 年起,开始逐渐好转,2015 年复苏势头得以保持和加快,2016 年势头有所下降。欧元区经济复苏速度的提升,主要是得益于较低的国际油价、弱势欧元及欧洲中央银行(简称欧洲央行)所推行的积极货币政策等综合因素。

欧盟统计局数据显示,2015 年欧元区 19 国 GDP 增长了 1.6%,略高于 2014 年的 0.9%;欧盟 28 国 GDP 增长 1.8%,高于 2014 年的 1.4%。欧元区 19 国 GDP 四个季度同比增长速度分别为 0.6%、0.4%、0.3% 和 0.4%。

2016 年,在欧元区的 19 个国家中,大部分国家能够保持经济增长或持平。例如,西班牙 2016 年全年经济增长速度为 3.2%,与 2015 年的增长速度基本持平,但远高于 2014 年的 1.8%;法国 2015 年的经济增长速度达 1.2%,创法国五年以来的最高增长速度水平。欧盟统计局发布的数据显示,2016 年欧元区失业人数达 1675 万,创 2011 年 12 月以来的最低点。自 2015 年起,在欧元区 19 个成员国中,有 15 个国家的失业率开始出现下降。另外,2015 年以来,在能源价格持续走低的影响下,欧元区消费者价格指数继续呈下降趋势。欧洲央行表示,2017 年欧元区的实际通胀率为 1.5%,难以达到早期 2% 的通胀目标。

综上所述,2015 年欧洲经济整体有所好转,2016 年增势有所下降,2017 年虽然疲惫但仍保持复苏势头。

4. 日本经济复苏放缓

日本 2015 年四个季度 GDP 同比增长速度分别为 1.1%、−0.4%、0.3% 和 −0.4%,与 2014 年同期相比,增长速度分别为 −0.2%、1.6%、0.9%、−0.9%。造成日本经济复苏速度缓慢的关键因素是消费需求低迷。自从 2014 年提高消费税后,日本国内消费需求一直处于萎靡状态。

日本通缩局面在日本银行宽松货币政策刺激下得到了缓解,且通胀水平有所提高。与此同时,制造行业的加速扩张也加快了日本就业形势的改善。2015 年 1～3 月失业率分别为 3.6%、3.5% 和 3.4%;第二季度失业率继续走低,4～6 月失业率分别达到 3.3%、3.3% 和 3.4%;7～9 月失业率分别为 3.3%、3.3% 和 3.4%;10～12 月失业率分别为 3.1%、3.3% 和 3.4%。日本 2015 年全年失业率维持在 3.4%,而 2016 年失业率继续下降到 3.1%。

综上,受限于国内低迷的消费需求,日本 2016 年经济继续缓慢复苏,呈现出口额快速增长、贸易逆差收窄、制造业扩张加快、企业经营情况得到改善、就业形势乐观、通缩情况缓解等特征。

5. 新兴市场和发展中经济体增长速度继续放缓

新兴国家市场与发展中国家经济体整体经济下行压力增加,俄罗斯、巴西等国GDP 出现负增长。但是,发展中亚洲经济体与新兴市场仍旧是世界经济增长速度最快的地区,2015 年增长速度接近 4.0%,但与 2014 年相比下降了 0.6 个百分点。主要原因在于,中国、印度尼西亚和马来西亚等经济规模较大的新兴亚洲国家的GDP 增长速度出现 0.3%～0.5% 的增长速度下滑。

在亚洲,越南、印度与中国依旧保持着强劲的 GDP 增长速度。2016 年,越南GDP 增长 6.2%,印度 GDP 增长 7.4%,中国 GDP 增长 6.7%。新兴市场和发展中经济体 GDP 增长速度整体不高,增长速度改善不够显著。

4.2　国际贸易发展概况

世界贸易组织(World Trade Organization,WTO)相关数据显示,2016 年全球贸易量比 2015 年增加 2.8%,增幅与 2015 年持平。

4.2.1　中国对外贸易发展概况

2015 年,中国进口与出口货物贸易额稳居世界首位,国际市场份额进一步增加,贸易结构实现进一步优化,质量效益得到进一步提高。中国商品贸易进出口总值为 24.55 万亿元,同 2014 年相比下降了 7.0 个百分点。其中,出口 14.12 万亿元,下降 1.9%;进口 10.44 万亿元,下降 13.1%;贸易顺差 3.68 万亿元,扩大 56.4%。以美元计价,进出口总值达 3.95 万亿美元,下跌了 8.0 个百分点。其中,出口 2.27万亿美元,下降 2.9%;进口 1.68 万亿美元,下降 14.1%。图 4-1 和图 4-2 分别为2008～2015 年中国出口总额和进口总额及同比增长率。

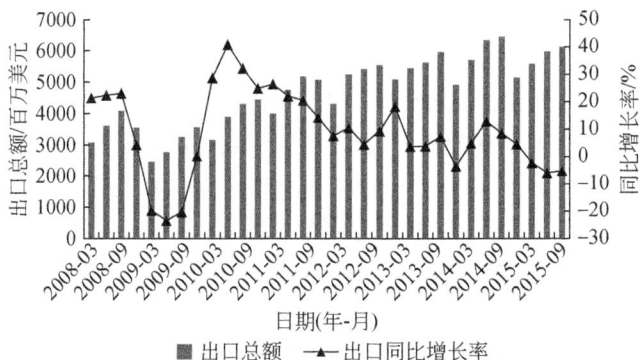

图 4-1　2008～2015 年中国出口总额(季度值)及同比增长率

数据来源:CEIC 数据库

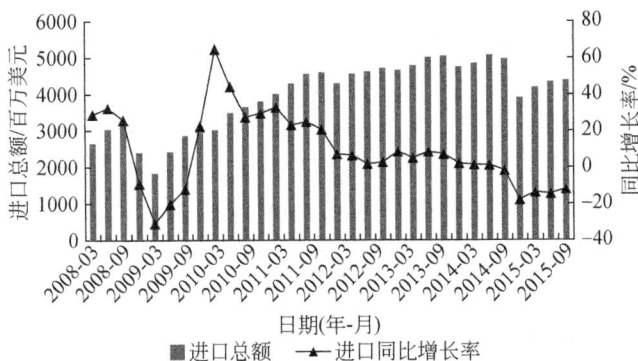

图 4-2　2008～2015 年中国进口总额(季度值)及同比增长率

数据来源:CEIC 数据库

2015 年进出口贸易情况主要具有如下特点:

(1)国际市场份额继续扩大。2015 年,受全球贸易整体不景气等因素的影响,中国出口总额急剧下滑。但是从国际比较来看,中国商品出口情况依旧比其他主要经济体要好,出口总额占国际市场份额上升至 13.8%,同 2014 年相比上升了 1.5%。由于国内固定资产投资与工业生产投资增长速度减缓,加上国际市场大宗商品交易价格下滑,2015 年中国进口总额出现大幅下降。

(2)商品结构进一步优化。中国商品出口的工业附加值略有增长,出口制造业在产业链的位置逐步上升。2015 年,中国机电产品出口总额达 1.31 万亿美元,同 2014 年持平,优于总体出口,占总出口额的 57.6%,比 2014 年提高了 1.6%。其中,手机、船舶出口分别增长 8.5%和 13.3%。服装、鞋类、箱包、纺织品、家具、玩具、塑料制品七大类劳动力密集型产品出口达 4718 亿美元,同比下降 2.7%,占总出口额的 20.8%。

尽管进口额大幅下跌,但是我国先进设备、关键零部件的进口情况基本稳定。2015 年,中国高新技术产品进口额与 2014 年基本持平,占进口总额的 32.6%,比 2014 年扩大了 4.5%。2015 年,我国部分大宗商品进口量有所增加。其中,进口铁矿砂 9.53 亿吨,增长 2.2%;原油 3.36 亿吨,增长 8.8%。

(3)新型商业模式成为外贸发展新热点。2015 年,我国一般商品出口总额达 12157 亿美元,增长了 1.0%,占出口总额的 53.4%,与 2014 年相比增加了 2.1%;商品加工出口额达 7977.9 亿美元,与 2014 年相比下降了 9.8%,占出口总额的 35.1%,与 2014 年相比下跌了 2.7%。跨境电子商务、市场采购贸易等新型商业贸易模式的兴起与发展,逐渐成为外贸发展的新亮点。2015 年,跨境电子商务的贸易增长超过 30%,市场采购贸易方式出口增长约为 60%。

(4)民营企业成为出口的主力军。2015 年,我国民营企业出口总额达 1.03 万亿美元,与 2014 年相比增长 1.8%,占出口总额的 45.2%,占比首次超越外资企业。外资企业出口1万亿美元,与2014年相比下滑了6.5%,占出口总额的44.2%。国有企业出口2424亿美元,与2014年相比下滑了5.5%,占出口总额的10.6%。

(5)市场多元化成效显著。2015年,东盟、美国、欧盟是中国的前三大贸易伙伴,双边贸易额分别达4721.6亿美元、5582.8亿美元及5647.5亿美元。中国对美国贸易出口上浮3.4%,对日本、欧盟贸易出口分别下滑了9.2%与4.0%。我国对部分新兴经济体的出口贸易有快速的增长,其中对越南、印度、泰国出口分别增长了3.9%、7.4%与11.6%。

(6)服务贸易占整体外贸比例进一步提升。2015年,中国服务贸易进出口总额达7130亿美元,同比增长了14.6%,增长速度与2014年相比提高了2%。其中,服务贸易出口2881.9亿美元,增长9.2%;服务贸易进口4248.1亿美元,增长18.6%;服务贸易逆差为1366.2亿美元。2015年,我国服务贸易占对外贸易总额(货物和服务进出口之和)的比例为15.3%,与2014年相比增长了3%。

4.2.2　世界主要发达国家和地区贸易发展概况

2015年,美国货物贸易总额达3.8万亿美元,与2014年相比下降5.5%。其中出口1.5万亿美元,下降7.1%;进口2.3万亿美元,下降4.3%;逆差8000亿美元,同比增长1.4%。在对我国贸易方面,美国商务部统计显示,2015年美国与我国双边货物进出口贸易总额达5980.7亿美元,比2014年增长了1.3%。其中,美国对我国贸易出口1161.9亿美元,同比下跌了6.1个百分点,占美国出口总额的7.7%,增长了0.1%;从我国进口4818.8亿美元,同比增长3.2个百分点,占美国进口总额的21.5%,增长了1.6%。美方贸易逆差3656.9亿美元,增长6.6%。图4-3和图4-4分别为2008~2015年美国出口总额和进口总额及同比增长率。

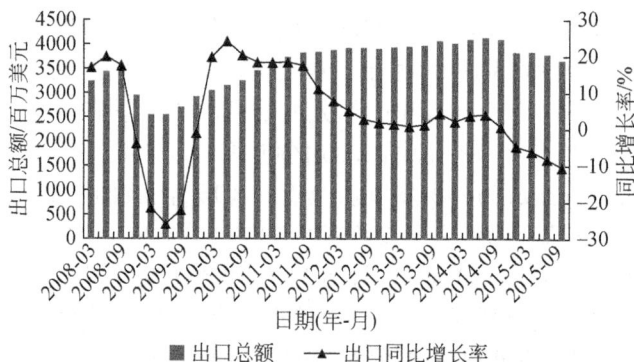

图 4-3　2008~2015年美国出口总额(季度值)及同比增长率

数据来源:CEIC数据库

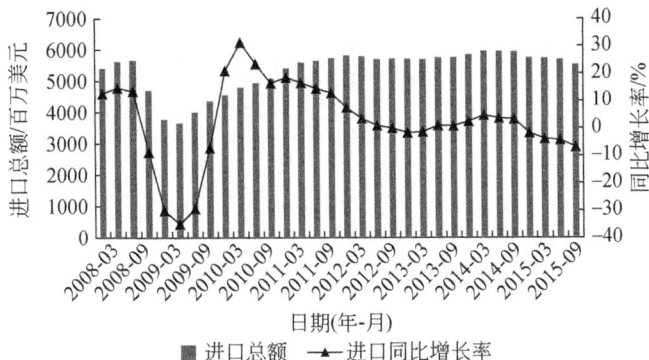

图 4-4　2008～2015 年美国进口总额(季度值)及同比增长率

数据来源:CEIC 数据库

2015 年,欧盟 28 国贸易进出口额为 3.92 万亿美元,同比下降了 13.4%。其中,出口 19964.8 亿美元,下降了 12.1%。欧盟统计局发布数据显示,2015 年,美国、中国继续为欧盟最大和第二大贸易伙伴。美国和欧盟贸易总额达 6190 亿欧元,占欧盟对外贸易总额的 18%,美国为欧盟第一大贸易出口目的国,占欧盟出口总额的 21%;中国与欧盟的贸易额为 5210 亿欧元,占欧盟对外贸易总额的 15%,中国为欧盟最大的贸易进口来源国、第二大贸易出口目的国,各占欧盟进出口额的20% 和 10%,图 4-5 和图 4-6 分别为 2008～2015 年欧盟 28 国出口总额和进口总额及同比增长率。

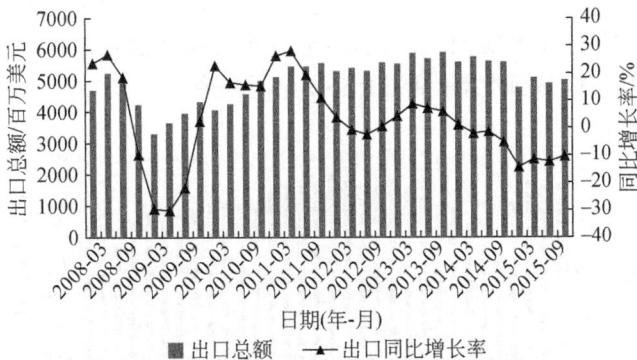

图 4-5　2008～2015 年欧盟出口总额(季度值)及同比增长率

数据来源:CEIC 数据库

日本财务省公布的进出口贸易统计数据显示,从金额上看,2015 年全年日本外贸出口 75.63 万亿日元,与 2014 年相比增长了 3.5%,实现连续 3 年的出口增长;进口 78.46 万亿日元,与 2014 年相比下降了 8.7%,进口连续两年下降。贸易逆差 2.83 万亿日元,连续 5 年实现贸易逆差,但与 2014 年同期相比下降了

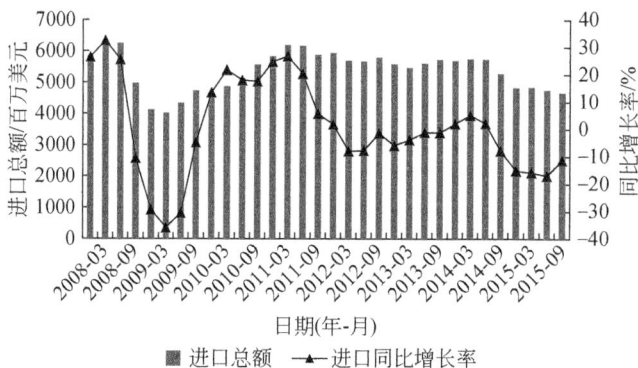

图 4-6　2008～2015 年欧盟进口总额(季度值)及同比增长率

数据来源:CEIC 数据库

77.9％,贸易收支状况有所改善。从数量指数上看,全年外贸出口数量指数为
89.8,与 2014 年相比下降了 1.0％;进口数量指数为 103.0,与 2014 年相比同期下
降了 2.8％。在对我国贸易方面,贸易出口总额达 13.23 万亿日元,与 2014 年相比
下降了 1.1％;贸易进口总额达 19.42 万亿日元,与 2014 年同期相比增长了
1.3％,创历史新高。图 4-7 和图 4-8 分别为 2008～2015 年日本出口总额和进口总
额及同比增长率。

　　世界经济联系的不断密切和国际贸易的繁荣发展都推动着国际物流的向前发
展,港口作为国际物流运输系统中的关键节点,是港口所在区域通往世界的重要门
户,是航海运输的起点和终点,与此同时,它还在全球供应链中扮演着重要角色,在
国际贸易方面的作用不断突出。因此,对港口集装箱运输业发展状况、运行环境、
整体前景及港口吞吐量预测等,都很有必要进行研究。

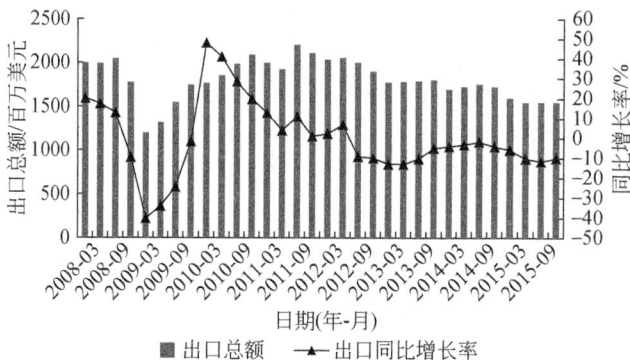

图 4-7　2008～2015 年日本出口总额(季度值)及同比增长率

数据来源:CEIC 数据库

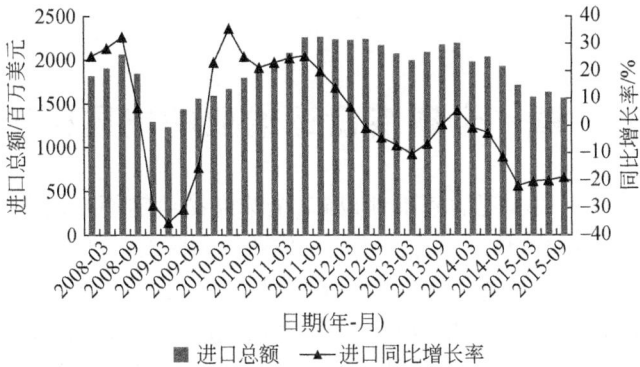

图 4-8　2008~2015 年日本进口总额(季度值)及同比增长率

数据来源:CEIC 数据库

第5章　全球港口运输业的发展概况

作为国际贸易得以实现的基础性设施、全球商品运输网络的关键节点以及国际物流链上的重要环节,伴随世界经济的一体化及国际贸易的全球化,港口的重要作用日益凸显出来。一个港口在国际经济贸易中的地位可以通过港口的集装箱吞吐量来衡量,港口集装箱吞吐量也是一个国家或地区经济繁荣程度的重要指标,是世界经济和贸易发展的晴雨表,因此本书以集装箱吞吐量作为衡量港口产能过剩的主要指标(暂不考虑港口散杂货及管道运输方式)。

2015年,世界经济增长普遍未能达到预期的目标,发达经济体的经济形势持续好转回升,但是好转回升势头减缓,新兴市场与发展中经济体增长速度的下滑态势未能扭转。欧盟、美国和日本发达经济体增长速度比2014年有所上升,但俄罗斯、巴西等国陷入零增长甚至负增长。世界经济贸易继续维持回暖的态势,英国、法国、德国依然保持较快的恢复速度,除希腊之外的欧洲五国在经济回暖上均表现出较好的态势。2015年,国际集装箱运输行业的整体情形依旧冷淡,集装箱运量增长势头缓慢,全球集装箱海运量为17770万TEU,和2014年同期相比增长了3.6%,增长速度不及2014年。

2015年,世界第一大集装箱港口仍为中国上海港,完成3653.7万TEU的吞吐量,连续6年全球第一(张永峰,2015)。从2011~2015年来看,上海港与排名第二的新加坡港的差距呈逐步拉大的趋势(贾大山,2015)。中国港口网数据显示,2012年上海港与新加坡港差距为80余万TEU,2013年扩大至100余万TEU,2014年差距进一步拉大到140万TEU左右,而2015年更将差距扩大到560万TEU左右。

2015年全球十大集装箱港口排序分别是上海港、新加坡港、深圳港、宁波-舟山港、香港港、釜山港、青岛港、广州港、迪拜港和天津港,只有宁波-舟山港和香港港两港之间在互相交换位置排名,其他八大港口均保持稳定排名。据中国港口网测算,2015年全球十大集装箱港的集装箱总运量为21634.7万TEU,比2014年同期增长0.2%,在全球经济整体情况不景气的形势下,港口集装箱吞吐量增长动力不足。2015年全球十大集装箱港"俱乐部"以吞吐量140万TEU为界进行划分,全球有9个1500万TEU以上吞吐量的港口,5个2000万TEU以上吞吐量的港口(比2014年多1个),2个3000万TEU以上吞吐量的港口。

5.1　全球港口集装箱运输市场概况

自 2015 年第一季度以来,全球各大集装箱港口吞吐量增长速度便持续下滑,第三季度增长幅度降至不足 1%。从地区的角度来看,亚洲市场集装箱运量增长速度由 2014 年的 6.0% 降至 2015 年的 2.0%;美洲市场集装箱吞吐量尽管增长速度同样缓慢,但得益于区域贸易的影响,仍保持 2.9% 这样较好的增长势头;受希腊债务危机、乌克兰危机、恐怖袭击以及难民危机等轮番打击的影响,欧洲区域经济贸易深受其累,全年主要港口集装箱吞吐量跌幅超过 3%。

运输费用方面,从 2015 年整体来看,国际集装箱货运市场的运输费用普遍高于 2014 年水平,国际集装箱货运市场继续保持缓慢的回暖态势,并且这种缓慢的回暖态势在一段时间将是一种普遍现象。而对于亚欧航线,由于欧洲经济回暖乏力以及亚洲工业品出口市场疲弱,其航线货运运费不断走低。

由上海航运国际中心数据可知,截至 2015 年底,最大集装箱货轮运力达到 19700TEU。然而,由于船务公司倾向于订购制造更大尺寸的船舶,以及通过运营较大船型来削减每 TEU 所要花费的成本,致使船队增长不均,从而使集装箱船走向一种“越大越好”的发展趋势。从运载能力方面来看,超大型集装箱货轮已达到全球船队的 18%。

单位运力周转次数与闲置运力比例持续保持在较低水平。自 2009 年起,集装箱船单位运力的周转次数(单位运力周转次数＝年集装箱海运量/当年全球集装箱船队运力)已连续 5 年徘徊在 9～10,表明尽管集装箱货运市场长期存在供大于求的局面,但并没有进入恶化状态。

5.2　国际主要航线集装箱运量呈疲软态势

受欧洲和俄罗斯进口需求疲软的影响,2015 年亚欧航线贸易总量下降 3.7%。2015 年 12 月,从远东到欧洲的运输价格为 313 美元/TEU,比 2014 年全年平均低 73%。2015 年,集装箱运力需求增长 1%～3%,未能达到此前预期的 2%～4% 的增长目标。同时,亚欧航线集运需求并未达到预期的增长目标,给集运行业再添一片阴影。亚欧航线作为最繁忙的国际集运贸易航线,其货运价格自 2015 年初至 2015 年 12 月已下跌 26%,跌至 545 美元/TEU。

5.3　中国集装箱港口吞吐量排名状况及分析

2015 年,我国主要港口集装箱吞吐量排名见表 5-1。

表 5-1　2015 年我国主要港口集装箱吞吐量排名

排名	港口	2015 吞吐量 /万 TEU	2014 吞吐量 /万 TEU	同比增长率/%
1	上海港	3654	3529	3.54
2	深圳港	2421	2396	1.04
3	宁波-舟山港	2063	1945	6.07
4	香港港	2011	2227	−9.70
5	青岛港	1762	1660	6.14
6	广州港	1744	1658	5.19
7	天津港	1411	1405	0.43
8	高雄港	1026	1059	−3.12
9	大连港	945	1013	−6.71
10	厦门港	918	857	7.12

　　2015 年,我国港口中挤入全球港口集装箱吞吐量前 20 位的有上海港、深圳港、宁波-舟山港、香港港、青岛港、广州港、天津港、高雄港、大连港、厦门港共 10 个,与 2014 年持平。依据连续发布的港口排行榜与跟踪数据统计,2010 年我国内地港口吞吐量占全球前 10 大港口货物累计吞吐量的 78.2%,2011 年升至 79.33%,2012 年达 80.19%,2013 年继续上升至 81.11%,2014 年达 81.51%,而 2015 年所占比例下降为 73.69%,反映出我国在经济结构转型升级和去产能等供给侧改革大背景下,港口货物吞吐量增长受到影响,出现相应的结构性变化。

　　2015 年,上海港保持着全球集装箱港口吞吐量排名第一,完成 3654 万 TEU 的吞吐量,同比增长率为 3.54%,实现连续 6 年吞吐量全球第一。宁波-舟山港累计完成集装箱吞吐量达 2063 万 TEU,同比增长率为 6.07%,超越香港港,居国内第三位(前两位依次为上海港、深圳港),与 2014 年全球排名相比上升一位,升至全球第四位。值得注意的是,2014 年,宁波-舟山港保持 6.07% 的同比增长率,在全球前五大港口中增长速度排名第一。中国长三角地区主要港口集装箱吞吐量及同比增长率见图 5-1。

　　2015 年,深圳港完成集装箱吞吐量 2421 万 TEU,高居全球第三位。同年,香港港集装箱吞吐量继续下跌,与 2014 年同期相比下降 9.70%,降幅进一步增大,居全球第五位,是全球十大集装箱港口中降幅最大的港口。中国珠三角地区主要港口集装箱吞吐量及同比增长率见图 5-2。

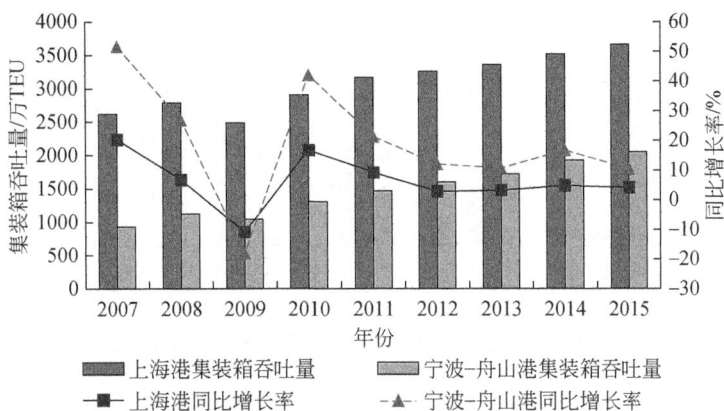

图 5-1　长三角地区主要港口集装箱吞吐量及同比增长率

数据来源:CEIC 数据库

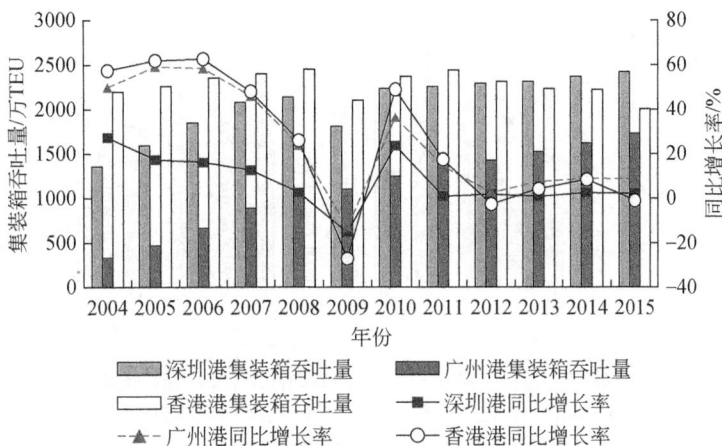

图 5-2　珠三角地区主要港口集装箱吞吐量及同比增长率

数据来源:CEIC 数据库

　　2015 年,渤海周边地区集装箱发展疲惫,港口集装箱吞吐量增降不一。其中,大连港在经过几年 20% 以上的连续高速增长之后,2014 年增长速度大幅下跌至 0.9%,2015 年进一步降至 -6.71%;天津港保持平稳缓慢增长,同比增长 0.43%;青岛港的集装箱吞吐量依旧保持强劲增势,与 2014 年同期相比增长 6.14%。环渤海地区主要港口集装箱吞吐量及同比增长率见图 5-3。

　　2015 年,高雄港全港完成集装箱吞吐量达 1026 万 TEU,与 2014 年同期相比增长 -3.12%。厦门港全港完成集装箱吞吐量达 918 万 TEU,与 2014 年同期相比增长 7.12%,在全球前 20 位集装箱港口排名中前进一位,升至第 16 位,集装箱吞吐量增长速度强劲。高雄港、厦门港集装箱吞吐量及同比增长率见图 5-4。

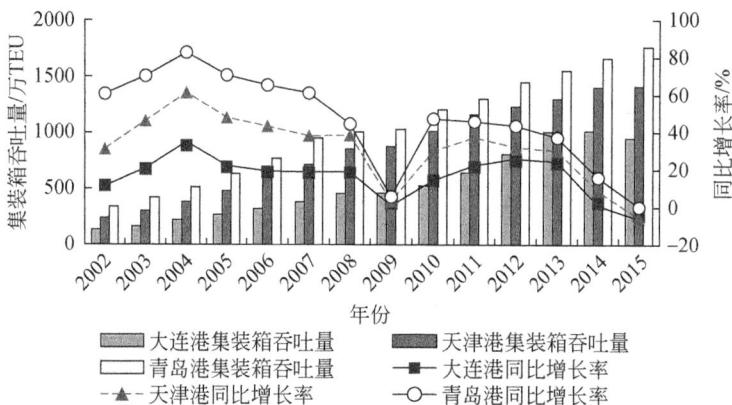

图 5-3　环渤海地区主要港口集装箱吞吐量及同比增长率

数据来源:CEIC 数据库

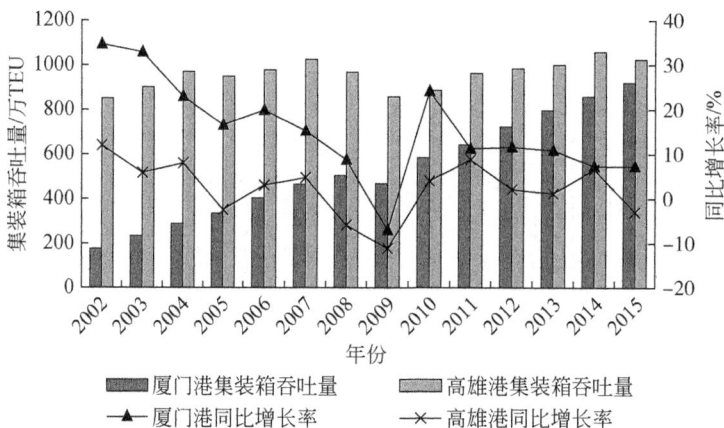

图 5-4　高雄港、厦门港集装箱吞吐量及同比增长率

数据来源:CEIC 数据库

参 考 文 献

贾大山 . 2015. 沿海港口发展 2014 年回顾与 2015 年展望[J]. 中国港口,(1):6-12.

张永锋 . 2015. 国际集装箱运输市场缓慢复苏将成新常态[J]. 世界海运,38(2):20-23.

第6章 全球港口运输业的环境分析

全球80%以上的货物贸易运输是由海上运输负责承担的,而集装箱运输又是海上运输的发展趋势。因此,集装箱运输行业可以作为世界经济和贸易发展的一个缩影,集装箱运输业的吞吐量增长情况直观反映了国际贸易的繁荣和发展。全球经济贸易形势对集装箱运输业的发展具有直接影响。

2016年,从总体上看,全球经济表现为整体性的复苏乏力,不同地区和国家的复苏情况又有明显的不同,美国与欧洲经济表现为温和回暖,日本和新兴市场国家的经济回暖面临着较大的阻碍,大宗商品国际贸易价格持续下滑。

2015年全球港口货物吞吐量增长速度明显放缓,与2014年同期相比增长了0.9%,创下2008年金融危机以来的历史新低。2016年,中国港口集装箱吞吐量增长速度同样减缓,以国内贸易为主的港口逐渐成为吞吐量增长的主要动力。

6.1 世界各主要经济体经济运行情况预测分析

6.1.1 总体情况

2016年,全球经济增长速度为3.2%,同2015年相比增长速度放缓了0.2%。2017年,发达国家金融市场状况将继续改善,但希腊债务危机仍是其不确定因素。发展中国家增长速度相对先前预期有所不足。

全球经济数据显示,2017年全球经济以3.1%的速度增长,预计2018年为3.3%。其中,发达经济体2017年的经济增长速度为2.2%,预计2018年为2.3%;而发展中国家2017年经济增长率为4.8%,预计2018年为5.0%。

根据联合国经济和社会事务部印发的《2017年世界经济形势与展望》预测,2017年全球经济增长速度为3.1%,其中,发达国家2017年的增长速度达到2.3%,发展中国家2017年的增长速度为4.8%。

2016年全球经济的下行压力依旧很大。发展中国家明显因受到发达国家市场波动的影响,经济增长速度低于预期目标。一方面,美联储的多次加息,对发展中国家的经济和货币政策产生了重大压力和挑战;另一方面,基础设施、劳动力市场和投资中存在的结构性瓶颈也导致许多发展中国家的经济增长速度放缓。另外,发达国家经济波动对发展中国家造成了很大的不良影响。对发展中国家来说,不同的国家与地区增长减缓的原因差别较大,且原因较多,如产能限制、供给瓶颈、大宗商品持续走低、政策支持的减少,以及一个时期内快速金融深化后信贷增长放缓。但总体来说,欧美复苏带来更加稳定的外部环境,2017 年世界经济增长较为乐观,但同时发展中国家的货币政策和财政政策选择也将再度面临考验。

综上所述,2016 年世界经济比 2015 年有所好转,2017 年世界经济已进一步升温,但仍存在下行风险和不确定因素。2018 年,世界经济整体趋势继续积极发展,但受相关国家贸易政策的影响,以及地区不安定因素的影响,仍然存在许多不确定风险。

6.1.2　美国

依据 IMF 发布的报告,2016 年美国经济增长速度达 1.5%,2017 年达 2.3%,世界银行预测 2018 年美国经济增长速度将达到 2.4%;联合国经济和社会事务部预测 2018 年美国经济增长速度为 2.5%。美国白宫预计,2018 年美国消费价格指数增长速度将上升达 2.7%;失业率依然高于自然失业率,但整体呈下降趋势,调查预估美国 2018 年平均失业率为 4.0%。

6.1.3　日本

IMF 发布的报告显示,2016 年与 2017 年日本 GDP 增长速度分别为 1.0% 和 1.4%,预计 2018 年增长速度为 1.8%;消费品价格增幅分别为 1.0% 和 1.2%,预计 2018 年增幅为 1.3%。2018 年 1 月,世界银行公布的《世界经济展望》预计日本 2018 年的经济增长速度将会达到 1.2%。联合国经济和社会事务部预测 2018 年日本经济增长速度为 0.9%。

2017 年日本经济的最大风险在于,要在未来两三年内成功恢复本国经济增长并扭转通货紧缩颓势仅凭日本政府主导的"安倍经济学"是不大可能的。展望 2018 年,日本提升经济增长动力的任务依旧相当艰巨。在一定程度上,宽松货币政策和结构性改革计划能够支撑经济小幅增长,但是难以保证经济增长的平稳性。

6.1.4　欧洲

欧盟统计部门公布的数据显示,欧元区第一季度 GDP 同比增长 1.6%。2017 年欧元区的通货通胀率约为 1.5%。

根据 2017 年 10 月 IMF 发布的《全球经济预测》,2016 年和 2017 年欧元区 GDP 增长速度分别为 1.8% 和 2.1%;世界银行显示,2016 年和 2017 年欧元区 GDP 增长速度分别为 1.7% 和 2.5%。依据联合国经济和社会事务部发布的《2017 年世界经济形势与展望》报告,预计欧元区 2018 年经济增长速度将达到 2.2%。

6.1.5　东亚与太平洋地区

东亚和太平洋地区发展中国家在 2018 年将实现经济的稳定增长,但面临新的结构性和政策性的调整。2018 年,继续收紧的金融环境将对东南亚国家经济产生很大的影响,居民债务水平有所上升。预计小型发展中国家经济将会稳步增长,但仍存在经济过热的风险。从长期发展出发,东亚发展中国家要保持经济的高速增长,应积极推进结构性改革,大力发展第三产业,促进国际贸易便利化,吸引外国直接投资。

世界银行预计,2018 年东亚与太平洋地区 GDP 增长速度为 6.5%。而根据 IMF 发布的报告,2018 年亚洲发展中国家和地区 GDP 增长速度将为 6.7%。

该地区经济面临的主要风险是:发达国家的经济复苏速度无法达到预期目标,全球利率上升,2017 年初东欧地缘政治造成的动荡局势导致大宗商品价格波动剧烈,东亚发展中国家经济增长仍会受到全球发展的负面影响。

6.2　世界各主要经济体贸易发展趋势分析

6.2.1　总体情况

伴随着全球经济温和复苏,2015 年全球贸易发展弱于预期,世界经济仍然处于 2008 年全球经济危机的复苏过程中,整体增长速度趋于下降。2016 年全球贸易发展与预期基本相当,整体增长速度有所回升。

2016 年 4 月 7 日,WTO 表示,深受全球贸易市场需求不确定性的影响,2016 年全球贸易增长速度将与 2015 年保持相同水平,维持在 2.8%,全球贸易增长速度实现连续第五年增长速度低于 3%,2016 年发达国家和发展中国家的出口增长速度基本一致,分别为 2.9% 和 2.8%;发展中国家 1.8% 的进口增长速度将慢于发达国家 3.3% 的进口增长速度。同时,从不同地区的角度来看,亚洲 2016 年已成为全球出口贸易增长速度最快的地区,增长速度达到 3.4%,紧随其后的是北美市场和欧洲市场,增长速度均达到 3.1%。WTO 数据显示,2017 年全球贸易增长速度为 4.7%,但因为可能受到全球金融贸易市场动荡、未来新兴经济体经济增长速度放缓以及汇率急剧波动相关风险等因素影响,2018 年全球的贸易形势不算乐观,不确定因素较多。

资金方面,联合国贸易和发展会议(United Nations Conference on Trade and Development,UNCTAD)于 2015 年 1 月 20 日公布了《全球投资趋势报告》,展示了 2015 年全球外国资本直接投资(Foreign Direct Investment,FDI)的流动情况。UNCTAD 认为,虽然全球 FDI 在 2015 年增长势头强劲,但仍未能有效促进全球经济的增长。2015 年,全球 FDI 为 1.7 万亿美元,与 2014 年同期相比增长 36%,创 2008 年金融危机发生之后的历史新高,FDI 重点放在并购领域,绿地投资同前一年保持相同水平。从 FDI 流入地区角度观察,美国本土以 3840 亿美元大幅领先于其他国家和地区,中国香港以 1630 亿美元位居世界第二位,中国内地以 1360 亿美元位居世界第三位。到了 2016 年,各方面情况均有所好转。

2017 年,全球经济进一步回暖复苏,但经济增长速度仍无法回到历史较高水平,全球经济缺乏新的经济增长动力。由于欧美发达国家的经济活力复苏与新兴国家市场稳步增长,世界贸易情况将会在一定程度上出现好转,预计 2018 年全球贸易增长速度将达到 3.6%。

6.2.2 美国

2016 年,虽然发达经济体的整体经济复苏势头放缓,美国经济复苏情况比其他发达国家更好,但 1～3 月制造业采购经理人指数、企业投资、出口等指标表现不佳,GDP 与 2014 年第四季度相比仅增长 0.5%,增长速度创 2014 年第二季度以来历史新低,表示经济增长势头仍显乏力。企业批发库存下降,利润增长动力不足,消费者缺乏信心,经济依然存在隐忧。但在接下来一段时间内,美国经济的积极表现有所增多。2016 年 3 月,核心居民消费价格指数同比增长 2.3%,创四年半以来历史新高,基本摆脱通缩风险。创造非农业新增就业机会 21.5 万个,小幅优于预期目标;居民失业率下降至 4.3%,预计 2018 年底将进一步降为 4.0%。《世界经济展望》最新报告显示,2018 年美国经济增长 2.3%,与 2017 年预测结果相比下调了 0.1%,同过去两年实际增长水平持平。美联储预计 2018 年美国经济增长 2.4%。美国商品进出口指数见图 6-1,2016 年第一季度美国出口与 2015 年同期

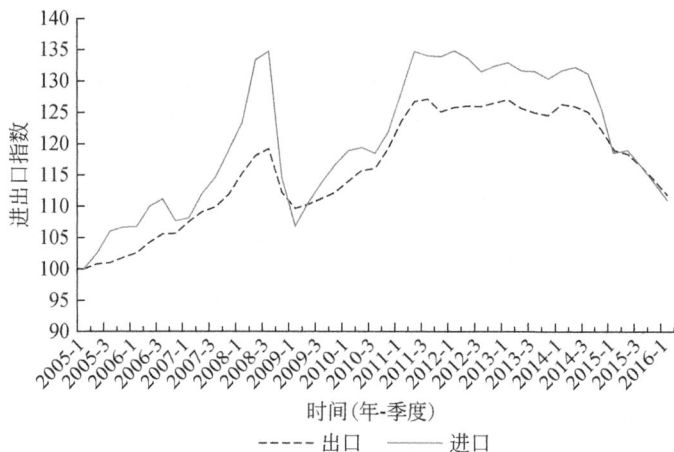

图 6-1 美国商品进出口指数

来源:IMF

相比降低 6.0%,进口降低 6.4%。随着房地产市场逐步复苏和失业率下降,美国贸易形势会逐步转好。随着美国经济复苏,中国向美国的贸易出口总额将会进一步回升。

6.2.3　欧洲

2016 年,虽然欧元区政府负债率开始下降,政府债务风险减弱,但英国脱欧公投、难民潮等问题导致了欧洲经济不确定性增加。欧元区部分经济指标趋于好转,但消费者信心缺乏,通缩风险依旧严峻,零售市场低速增长,欧元区经济是否能够持续性好转仍然具有不小的变数。受国际油价下跌的影响,2 月物价年率下降0.2%,从 2015 年 9 月起物价年率首度出现负值,3 月物价年率也仅为零增长。2016 年,为实现 2% 的通胀目标,欧洲央行采取经济刺激措施,包括扩大每月 600亿欧元的量化宽松计划以及进一步降低超额准备金利率(2016 年为 -0.3%)。欧盟商品进出口指数见图 6-2,2016 年第一季度欧盟出口与 2015 年同期相比降低6.2%,进口降低 8.0%。IMF 曾预估,2016 年欧元区经济增长速度为 1.5%,略低于 2015 年。

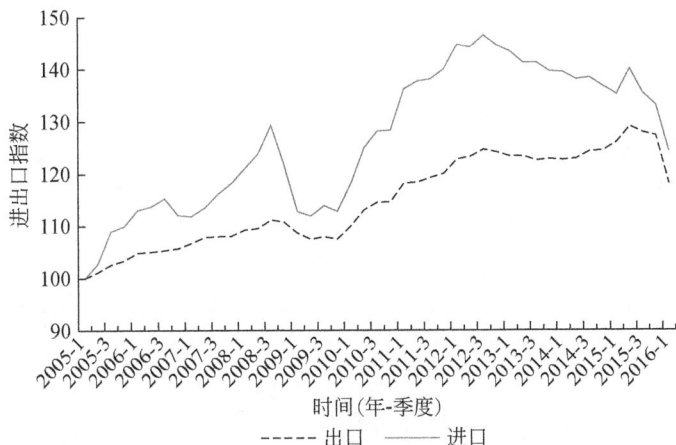

图 6-2　欧盟 28 国商品进出口指数

来源:IMF

6.2.4　日本

2016 年,日本经济增长动力因为经济政策效应衰减而进一步减弱,主要经济指标表现欠佳,经济前景不容乐观。特别是第一季度,日元成为全球升值幅度最大的货币之一,其实际有效汇率累计升值达 6.6%,将对以后一段时期内的贸易出口产生不利影响。与此同时,以后日本宏观经济的调控政策对日本经济作用可能不大。财政政策方面,虽然继续提高消费税可能会在缓解日本庞大的公共债务上起到一定的积极作用,但同时会对促进居民消费和企业的生产投资积极性产生负面影响,而且内需不足问题加重。货币政策方面,即使2月日本央行已实行负利率政策,但贷款增长速度在3月仍然下降至近三年的历史新低,显示负利率政策效果不佳。日本商品进出口指数见图6-3,2016年第一季度日本出口贸易与2015年同期相比降低4.7%,进口降低14.0%。IMF曾预估,2016年日本经济增长速度为0.5%,与2015年增长速度持平。

6.2.5 中国

在2016年的第一季度,我国的进出口额共达5.54万亿元,同比降低了6%。其中,出口3.15万亿元,增长了4.9%;进口2.39万亿元,下降了17.3%;顺差7553亿元,增长了6.1倍。以美元为单位进行计算,我国的进出口共达9042亿美元,减少了6.3%。其中,出口贸易总额5139亿美元,增长了4.7%;进口贸易总额3902亿美元,下降了17.6%;顺差1237亿美元,增长了6.1倍。中国商品进出口指数见图6-4。

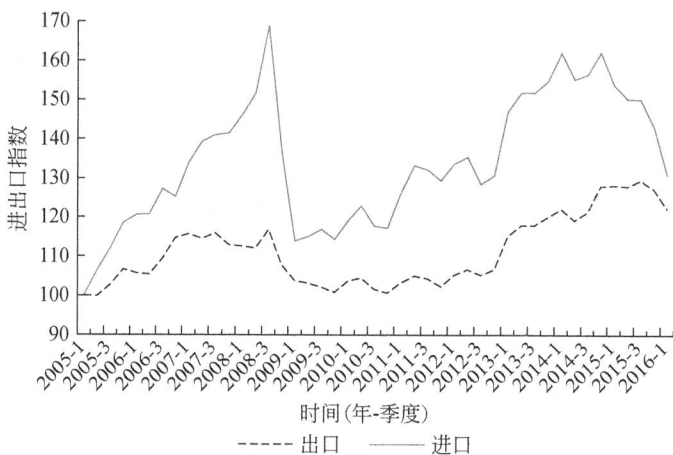

图6-3 日本商品进出口指数

来源:IMF

2018年,我国对外贸易的增长面对较大压力。随着全球经济与我国经济的发展步入新常态,在对外贸易的运行中展现出的新常态是由高速的增长转换为中速的增长。世界经济加快了复苏的步伐,有利于我国的出口,但是世界经济的增长新动力不足仍使得经济的复苏具有一定的不稳定性。首先,美国的经济自主复苏动力增强,经济的增长有望延续好态势;其次,由于世界经济的增长动力较为疲弱,新兴的经济体对于原油等国际大宗商品的消耗有所降低,致使在国际市场中的需求有所下降,而这将抑制国际大宗商品的价格增长;再次,地缘政治冲突升级,中东地

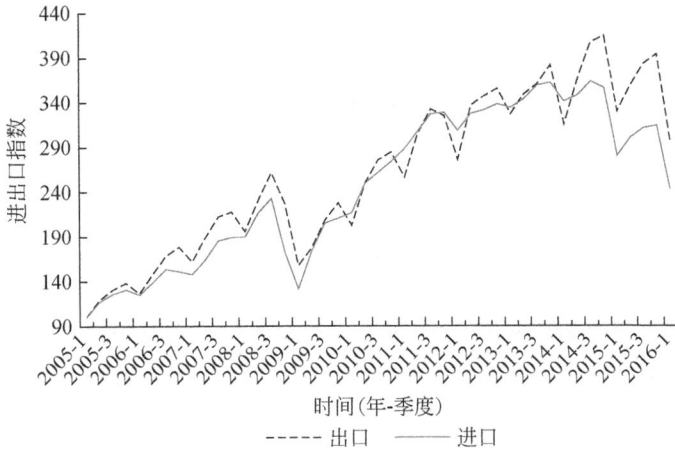

图 6-4　中国商品进出口指数

来源：IMF

区的大国对弈将影响全球经济走势；最后，全球货币性政策的分化，增加了全球资金的无序流动以及金融波动引起的风险。

参 考 文 献

Xu L，Fang S C，Zhang X. 2013. Transport costs and China's exports：Some empirical evidences
　　[J]. Journal of Systems Science and Complexity，26(3)：365-382.

第7章 影响港口运输行业的热点问题

本章对影响港口运输行业的热点问题展开分析。7.1 节分析国际油价对集装箱运价和港口产生的影响;7.2 节分析欧洲的量化宽松以及美国经济复苏对港口吞吐量产生的影响;7.3 节从节能减排的角度分析集装箱港口所要面临的新挑战;7.4 节通过港航企业的兼并整合分析目前全球航运业的竞争格局;7.5 节分析"一带一路"倡议对港口企业发展产生的影响;7.6 节分析我国相关法规政策的施行对我国航运业未来发展产生的影响。

7.1 国际油价区间振荡

从国际商品市场来看,油价仍区间振荡。原油底部的振荡不断加剧,价格企稳的概率逐渐增加。2016 年 2 月以来,国际油价在整体上有所反弹,截至 3 月底,布伦特原油(Brent oil)的油价反弹到了 39.6 美元/桶;但是 2016 年初以来,油价的走势大致表现为区间振荡,当前对原油市场情绪起到主导作用的依旧是关于冻结原油产量的多国之间的谈判。由于冻结石油产量的协议并未达成,市场对油价的改善保持悲观情绪。目前,原油市场的局面仍然是供大于求,并仍将持续一段时间。另外,随着沙特明确表示有能力在任何时候每天增加石油产量 100 万桶,国际油价也将小幅度走低。

油价下跌、经济疲软,致使集装箱的运价跌至新低。英国德鲁里航运咨询公司发布的世界集装箱运价指数显示,2016 年 3 月 10 日,全球 11 条亚洲-欧洲、亚洲-北美、欧洲-北美航线平均运价指数跌至 701 美元/FEU(forty-foot equivalent unit)。这是 2011 年德鲁里发布该指数以来的最低水平(张雅丽,2011)。

此外,大宗商品价格回暖推动波罗的海干货指数(Baltic dry index,BDI)持续上升。2017 年 BDI 出现止跌企稳态势,自 2016 年 2 月起,BDI 从低点的 290 点持续回升到 4 月的 635 点。BDI 的回升是全球大宗商品需求及航运市场的积极信号,对 2016 年航运市场是利好消息。油价低位徘徊,使得船舶燃油价格也处于低位,这有助于减少航运公司的成本,对集装箱船公司而言,也是较大的利好消息。

7.2 欧美制造业回流

欧洲央行于 2017 年 3 月 10 日公开宣布下调欧元区主导利率 5 个基点,此次关于欧元区的隔夜贷款利率和隔夜存款利率分别下调至 0.25％和－0.4％,同时进一步扩大资产购买计划。这一政策的宽松力度远远超出了市场的预期,因此致使欧元汇率骤然下跌,而欧洲的股市出现普遍大涨的现象。除了三个主要的利率进行了下调之外,欧洲央行从 2017 年 4 月开始,将资产的购买计划规模由原来的每月 600 亿欧元增长至每月 800 亿欧元。同时,合格资产的范围包含了在欧元区中非银行机构发行的投资级欧元债券,该类债券也可以纳入常规的购债计划之中。

欧洲量化宽松政策可能会加剧各国货币的竞争性贬值,全球跨境资本的流动不定性也可能会加剧。同时,短期内的欧洲量化宽松政策或许会有助于加强市场的信心,使欧元区国家的主权融资成本有所下降,并且对欧元区扩大出口具有激励作用,为经济的增长创造出更加有利的条件。但是从中长期的角度来看,量化宽松的计划是否能够有效地解决欧元区经济陷入长期停滞的危机、实现经济的全面复苏和增长尚且不够明确。此外,欧元的贬值会给我国企业面向欧洲的出口带来不利的影响,我国现有企业对欧洲的投资也面临着遭受损失的风险(吴晓灵,2011)。

除了欧洲量化宽松的政策以外,美国的经济形势同样值得关注。当前在普遍较为疲弱的发达经济体之中,美国的经济依旧较为突出,但是与以往相比,世界经济金融市场中的起伏波动对美国经济的影响程度加剧。同时,美国的经济过于依靠货币性政策,致使美国不具有足够扎实的经济复苏基础,很有可能已经开启了面临衰退周期的倒计时。在美联储启动加息后不久,美国商务部公布的权威数据揭示,2015 年美国第四季度的实际 GDP 按照年率进行计算的增长速度从 2015 年第三季度的 2％骤降至 0.7％,其中居民的个人消费水平偏低、加息强化了对美元升值的预期。经济合作与发展组织统计显示,美国经济 2016 年、2017 年增长速度分别下降至 2％和2.2％。IMF 统计显示,2016 年、2017 年美国经济增长速度下降至 1.6％和 2.2％。

由于出口与宏观经济之间存在联动关系,美国经济复苏趋缓,全球经济整体形势并不乐观,且两极分化严重,因此宏观经济因素对于全球的大多数港口吞吐量都并不利好(湛柏明和庄宗明,2003;沈国兵,2006;彭传圣,2010)。

7.3　巴黎协定的挑战

过度排放的温室气体已经对人类的生存环境产生了严重的影响。海运船舶作为过量排放温室气体的“大户”之一,采取有效的节能减排措施已刻不容缓。2016年 3 月 29 日,在我国浙江杭州召开了东盟地区论坛绿色航运研讨会,来自东盟地区论坛的各个成员国和国际组织的约 50 位代表出席了此次会议,探讨如何有效做到海运温室气体的减排。但是船舶效能设计指数(energy efficiency design index,EEDI)作为评价船舶节能的关键性指标在我国并没有通过法律法规的形式得以明确。虽然我国已经推行了 5 项与能效有关的国家标准,但从总体上来看,我国船舶的节能减排与国际相比尚存在一定的差距。

2016 年 4 月 22 日,175 个国家的领导人或者是级别较高的代表在联合国总部纽约聚齐,一起参加并且共同见证了《巴黎协定》这份全新的全球性气候协定的成功签定。这是继 1997 年签定《京都议定书》之后,人类在《联合国气候变化框架公约》下签定的第二份拥有法律束缚力的应对全球气候变化的协议。《巴黎协定》的签定,首先,有利于不断弘扬巴黎会议期间聚同化异、合作共赢的谈判气氛,推动各方加速化解分歧;其次,有利于不断提高各国应对气候变化的充分意识。《巴黎协定》的巨大意义就在于,其确定了世界各国在碳排放上所具有的共同硬指标。按照协定,各方应该加强在面临气候变化所带来的威胁时应该采取的对应措施,与工业化前的全球平均气温水平相比,温度的升高要控制在 2℃之内。

东盟地区论坛绿色航运研讨会的召开以及《巴黎协定》的签署对集装箱港口行业提出了新的挑战(胡洪军,2012;史婧力,2012)。为了较好地达到海运船舶节能减排,需要多方的共同努力。首先,世界各国都应该提高相应的认识,不断加大对技术的投入,开展多样化的项目,以资金和项目为支撑,以此来保证技术的应用和推广;其次,世界各国都应当结合自身的国情构建一个比较完善的技术转移体系,为技术的转移和资金的投入创造良好条件,从而实现更加快速、更加廉价的技术转移。更为重要的是,企业也需要提高自身的意识,不能过度地依赖国家政策的指引,切不可因当前一些因素而背离行业发展的轨迹。

7.4　港航企业整合兼并

为应对当前世界航运业整体走势偏低的困境,航运企业之间整合兼并频繁进行。2015 年 4 月 15 日,赫伯罗特船运公司完成了与南美洲轮船公司的重组合并。同年 12 月 7 日,全球第三大航运公司达飞轮船船务有限公司收购了东方海皇集团。在市场力量的推动下,2016 年航运企业之间的整合兼并更加活跃,2016 年是集装箱运输企业整合兼并和组建联盟的关键年。中远集装箱运输有限公司(简称中远集运)和中海集装箱运输股份有限公司(简称中海集运)的业务重组正式拉开了 2016 年班轮公司兼并重组的序幕(廖传杰,2007;章雁和卢长利,2008)。

从 2017 年的竞争格局看,全球航运呈现出"四强鼎立"的局面。在全球排名前20 位的航运企业中,有 16 家企业分别参与到 G6(美国总统轮船、韩国现代商船株式会社、商船叁井、赫伯罗特船运公司、日本邮船株式会社、东方海外国际有限公司)、2M(马士基集团、地中海航运公司)、O3(法国达飞海运集团、中海集运、阿拉伯联合轮船公司)、CKYHE(中远集运、日本川崎汽船株式会社、阳明海运股份有限公司、韩进海运、长荣海运股份有限公司)四大联盟中。美国总统轮船是东方海皇集团的子公司,法国达飞海运集团对东方海皇集团的收购势必使美国总统轮船脱离 G6 联盟。这将使 G6 联盟的整体实力严重受损,而此消彼长之下,O3 联盟的整体实力则更强一些。但是中海集运和中远集运的业务重组使这一结果充满变数。

2016 年,中海集运的总运力达到了 69 万 TEU,在世界总运力中的占比达到了 3.4%,外加 10.8 万 TEU 的订造运力。中远集运的总运力达到 87 万 TEU,在世界总运力中的占比达到了 4.3%,此外还有 33.8 万 TEU 的订造运力。两者合并之后的集装箱总运力可以达到 156 万 TEU,在世界总运力中的占比达到了 7.7%,若再加上约 44.6 万 TEU 的新船订单,运力规模就更加可观。中海集运和中远集运合并之后,会对东西向的主干贸易航线的超级联盟产生极其深远的影响。

航运联盟是在集装箱运输市场上运用较为广泛的一种方式,该方式具有获取规模经济的优势,其关键的优势是航运联盟拥有相对较好的灵活性(徐进杰和尹崇斌,2009;徐恩奎,2012)。航运市场上总体的供给和需求关系是不断变化的,在各个细分领域中供给和需求关系也在改变,占集装箱运输成本较大比例的燃油成本也发生了很大变化,这些都对企业的运营产生直接影响。因此,灵活制定相关制度有助于企业根据市场的形势来转换自身的运营策略,航运联盟的对象、航线以及共享都相对灵活,这样有助于企业在不同的环境下都能够取得较为良好的收益。

7.5　"一带一路"倡议

在"一带一路"倡议背景下,我国港口转型升级所应具有的基本思路是:在遵照"五位一体"的总体布局和"四个全面"的战略布局的前提下,坚定地以创新、协调、绿色、开放以及共享作为发展的理念,并以此理念来更好地引领发展,积极与"一带一路"建设相融合,更好地突显供给侧的结构性改革,进而促进港口产业的转型升级。

积极融入"一带一路"建设。"一带一路"建设的关键点是在互联互通上,港口上的互联互通表现为将整个物流网络都链接起来,海上丝绸之路能够起到战略先锋的作用,而丝绸之路经济带能够起到战略通道的作用。"一带一路"建设能够有效地带动基础设施的投资,可以使贸易量得到增长,从而使货运、码头以及供应链的需求相应随之增长。港口企业应该从具有重点性的区域、通道、项目以及客户等方面作为切入点,把"一带一路"作为企业优化转型升级的主要依据,把"一带一路"的沿线地区作为开拓海外市场、发展海外事业的主要突破口,把"一带一路"的业务合作重点作为服务客户进而创造价值的主要落脚点。最生动的例子就是连云港中哈物流基地的建设项目,连云港与"一带一路"建设紧密相连,其与哈萨克斯坦签署了共同建设货物过境的运输通道以及货物的中转分拨基地的合作协议,提到要努力将连云港建造成为上合组织的重要战略出海口,随着"一带一路"的具体施行和落实,将上合组织国际物流园和中哈物流基地的这两个项目放入国家的《国民经济和社会发展第十三个五年规划纲要》中。

总之,"一带一路"为港口产业带来了全新的机遇。我国以及与"一带一路"存在关联的国家港口的集装箱吞吐量都能够得到更深一步的推动和提高。

7.6　新的规划、法规和政策

"十三五"是我国关于实行"长江经济带""一带一路""珠江—西江经济带"等经济发展战略的关键性时期。当下的新形势是:转方式、调结构、促发展,内河水运是一个综合性的运输体系和综合利用水资源的主要构成部分,是非常重要的战略性资源,对于实现我国经济社会的可持续发展有着积极作用。我国内河水运的资源非常充沛,不管是内河航道的通航里程、内河船舶的运力还是货运量等,在世界均名列前茅。内河航道的建设有利于我国航运企业进一步发展,例如,淮河入海水道的第二期工程已经被国务院列为 172 项重大水利工程之一,将在"十三五"期间开工建设。依靠着淮河入海水道的第二期工程,对航道工程进行同步实施,这样不仅有助于推动"一带一路"倡议部署的实行,并且对更好地促进淮河流域生态经济区的发展都具有无可替代的战略性意义(王蕾和史春林,2013)。

在法规政策方面,2014 年 10 月,为推动对外贸易的发展进程,国家税务总局颁布了《国家税务总局关于企业出口集装箱有关退(免)税问题的公告》,该公告清楚地指出了企业出口给外商的新造集装箱,如果交货的地点是在我国境内所规定的地方,并且取得了相应的出口货物报关单(专门用于出口退税),同时满足办理出口退(免)税的相关规定的,可以按照先行的规定依法依程序办理出口退(免)税。集装箱行业税费降低的尝试,将使进出口企业成本有所下降,在目前的外需和外贸形式下,是促进港口吞吐量的重要政策。此外,2014 年 12 月 28 日通过的《航道法》,从法律制度的层面上为航道的建设及养护所需要的资金来源提供了有力的保障,有助于航道战略资源的保护和充分利用,有助于综合运输体系的建设,深化对外开放。2015 年 1 月 1 日起执行的《关于明确港口收费有关问题的通知》,有助于规范和完善港口的收费政策,并且将部分由政府给出的指导价或者是由政府统一进行定价的项目更改为通过市场自行调节,这样更加易于推动市场在法规监督下的自由竞争、蓬勃发展。

此外,为了更加深入地贯彻并实施《中国制造 2025》,推动船舶工业实现更进一步的结构调整以及转型升级,并且使我国船用设备的配套能力和水平加速提高,以便更好地支持造船强国的建设,国家工业和信息化部制定下发了《船舶配套产业能力提升行动计划(2016—2020)》。在"十三五"期间,我国的船舶配套产业应该严格遵照"分类施策、创新驱动、系统推进、军民融合、开放合作"的原则逐步推进。

在行动计划中明确指出,"十三五"时期不仅是我国成为建设造船强国的关键性时期,同时对船舶配套产业来说,也是其转型升级的一个非常重要的战略机遇时期。为了达到我国的船用设备配套能力和水平尽快得到提高的目的,从而能够更好地达到我国航运和船舶制造的需求,进而更好地支持造船强国的建设,因此特别制定了这一行动计划。计划的根本目标是到 2020 年,船用设备的研究及开发、设计制造以及服务的体系都要基本建成,关键是对于船用设备的设计制造能力要跻身于全球先进水平之列,全方位地掌握船舶动力、甲板机械、舱室设备、通导与智能系统以及设备的技术核心,完善主要产品的型谱,拥有的品牌产品应该具备强大的国际竞争能力。

参 考 文 献

胡洪军 . 2012. 基于低碳经济视角的中国港口发展研究[J]. 中国水运,12(12):26,27.

廖传杰 . 2007. 海上运输服务业中的航运联盟分析[D]. 厦门:厦门大学.

刘亭 . 2015. 筑梦"一带一路"[J]. 今日浙江,(2):37.

彭传圣 . 2010. 海运在美中贸易中的作用[J]. 港口经济,(1):45-47.

沈国兵 . 2006. 美国出口管制与中美贸易平衡问题[J]. 世界经济与政治,(3):71-77.

史婧力 . 2012. 绿色航运是否对安全形成阻碍[J]. 中国船检,(5):10009.

王蕾,史春林 . 2013. 关于目前中国航运安全法规完善问题研究[J]. 长春理工大学学报:社会科学版,(2):37-39.

吴晓灵 . 2011. 欧美量化宽松政策与中国化解之道[J]. 广东金融学院学报,26(1):3-11.

徐恩奎 . 2012. 航运联盟的主要动因分析及对我国班轮企业的启示[EB]. http://www.docin.com/p-482678947.html[2012-09-16].

徐进杰,尹崇斌 . 2009. 我国港口整合的动因和路径研究[J]. 中国港口,(1):10-12.

湛柏明,庄宗明 . 2003. 从中美贸易看美国经济波动对中国经济的影响[J]. 世界经济,26(2):34-39.

张祺 . 2015. 立足"十字路口"开拓做好"一带一路"基点——中国海运(土耳其)代理有限公司发展侧记[J]. 国企,(1):46,47.

张雅丽 . 2011. 原油价格上升对船东和燃油供应者的影响[J]. 海运情报,(9):3,4.

章雁,卢长利 . 2008. 国际航运从联盟到兼并的经济模型解析[J]. 中国水运,8(2):18,19.

第8章 港口运输业整体前景分析与预测

2016年4月,IMF曾经预估,2016年的全球经济增长速度大致是3.2%,比同年1月的预估结果下降了0.2%。发达国家经济利好,但增长势头有所减弱,新兴经济体方面受到经济结构调整、国内需求疲软及美国货币政策等因素的影响,经济增长阻力较强。

2016年,世界经济依旧处于结构调整的阶段,经济复苏的脆弱基础尚未得到有效的改善,在航运市场中,突出的矛盾依旧是运力过剩问题。以中国为代表,国家经济在新兴市场中的增长速度逐渐减慢。随着新船交付量的逐渐减缓,从总体上来看,市场中供给和需求的失衡状况可能会有所好转,但是总体运力供过于求的基本情况将难以有质的改变。对于部分航线来说,存在着进一步加深供给和需求失衡状态的可能性(周阳,2009;于立新和杨晨,2013)。另外,美国的货币性政策存在不确定性,致使全球的资本市场波动幅度进一步加大,以及新兴市场国家和发展中国家的结构优化调整等问题,导致2017年的集装箱运输市场依旧面对一定程度上的不确定性。

8.1 全球港口运输市场运行状况分析与预测

1.2017年全球集装箱运输需求小幅增长

2017年,世界经济复苏势头减弱,同时集装箱市场需求有小幅增长,仍旧处于较低位置。克拉克森航运经济有限公司的数据显示,2017年全球的集装箱运输需求总体上增加了4.2%,增长速度加快了1.7%。其中,太平洋航线的运输需求增长速度为5%,亚欧航线的运输需求增长速度为4%,大西洋航线的运输需求增长速度为1.7%。德鲁里航运咨询公司报告显示,2017年全球的集装箱运输需求同比增长了3.3%,增长速度加快了1.6%。上海国际航运研究中心认为,世界经济非常有希望维持住持续不断的增长趋势,小幅增长的国际贸易带动世界集装箱运量的平稳增长。上海国际航运研究中心表示,2017年全球的集装箱运输需求增长速度约为4%。波罗的海国际航运公会认为,市场主要航线需求复苏才能推动市场动态发展。目前欧洲市场集运需求放缓(重华,2011;海盐,2014),而美洲地区货物进口量的增长使得集装箱船的需求疲软。

表8-1展示了各航运咨询与研究机构对2018年全球航运货运量增长率的预测结果,可以看到,各航运咨询与研究机构曾对2018年全球集装箱运输需求增幅

的预测不尽相同。

表 8-1 航运咨询与研究机构对 2018 年航运货运量增长率的预测

航运咨询与研究机构	货运量增长率预测
克拉克森航运经济有限公司	全球增长率为 4.4%
德鲁里航运咨询公司	全球增长率为 3.4%
上海国际航运研究中心	全球增长率为 4.1%

注:数据来源于各研究机构报告。

然而,世界经济增长存在诸多不确定性,如短期的地缘风险、发达经济体复苏乏力、新兴市场国家结构调整,以及全球资本市场动荡等,这些不确定性因素都将在一定程度上影响全球集装箱运量的增长。

2. 集运市场运力过剩问题有所转变

根据各航运咨询与研究机构对 2018 年航运公司运力增长率的预测(表 8-2),尽管 2018 年集装箱海运需求有望小幅增长,但考虑到基数庞大的运力存量,且航运公司运力增长率增长速度高于需求增长,集运市场供大于求的总基调将难以改变,预计 2018 年集装箱船闲置状况仍将延续。

表 8-2 航运咨询与研究机构对 2018 年航运公司运力增长率的预测

航运咨询与研究机构	运力增长率预测
克拉克森航运经济有限公司	全年运力增长率为 3.4%
Alphaliner	全球集装箱船运力增长率为 3.3%

注:数据来源于各研究机构报告。

克拉克森航运经济有限公司的报告显示,如果进一步考虑船舶的拆解量与推迟交付这两个因素,则 2017 年世界船队运力为 2065.2 万 TEU,同比增长率为 3%。其中,8000 ~ 11999TEU 型船运力约为 529.3 万 TEU,同比增长率为 10.5%;1.2 万 TEU 以上型船的运力约为 398.2 万 TEU,同比增长率为 15.2%,两种类型船的累计运力约占总体运力的 44.9%,同比增长率为 3.2%。Alphaliner 预测,2018 年世界的集装箱船船队运力增长率估计只有 5.6%。Alphaliner 提出,延缓新船的交付速度以及预期会增长的送拆集装箱船数量,使得 2017 年集装箱实际运力的增长与名义运力的相比较而言,减少约 100 万 TEU。

克拉克森航运经济有限公司的统计结果显示,2018 年太平洋、亚欧和大西洋航线运输需求的增长速度均未超过运力规模的增长速度,其中亚欧及太平洋航线的需求增长速度更是远远低于 8000TEU 以上型船运力的增长速度。此外,由于在新兴市场中的国家经济增长的风险不断上升,部分地区的经济可能会有衰退迹象出现。而且次干航线以及南北航线的运输需求缺乏足够的上升动力,加之主干航线的运力过剩溢出效应,致使其他航线运力持续逐级递增,可能会更加深化供给和需求失衡的情况。从总体的运力上来看,全球的集装箱运输市场供给和需求的失衡情况虽然能够得到改善,但改善的水平有限。

3. 集运市场整体运价将表现平稳

2016 年,欧洲的经济一直处于低迷状态,当地居民的消费水平较低,使得运输需求的步伐有所迟缓,部分航商逐渐开始了对欧洲航线运力的收缩,导致欧洲航线的市场运价有了小幅回升。此外,考虑到年后复工、加紧出货等因素,尽管处于运力过剩的情况下,部分航运公司仍不断提高集运运价,并提出新的运价上调计划,具体见表 8-3。

表 8-3　2016 年部分航运提价信息

公司、组织或机构	提价航线及幅度
马士基	2016 年 3 月 1 日起,上调东亚出口至南美东岸的航线运价
阿拉伯轮船	2016 年 1 月 1 日起,上调亚洲出口至北欧航线的干货运价;3 月起,调整亚洲出口至北欧航线的燃油附加费
汉堡南美	2016 年 3 月起,上调亚洲出口至北欧的航线运价;3 月 15 日起,上调亚洲出口至南美东岸的航线运价
赫伯罗特	2016 年 3 月 1 日起,上调东亚出口至南美东岸航线所有的货物运价;3 月 1 日起,上调东亚出口至北欧和地中海航线所有的货物运价

不过,受运力的无序投放、日益激烈的行业竞争以及大型化规模效益的影响,集运市场总体运力供求失衡的状况改善程度有限,集运市场整体运价上升空间不大,世界经济复苏乏力。以中国出口集装箱的运价为例,2015~2016 年上海航运交易所公布的中国出口集装箱运价指数(China containerized freight index,CCFI)大幅下跌,2016 年 4 月 CCFI 为 641.50 点,同比下跌 32.35%,CCFI 走势如图 8-1 所示。

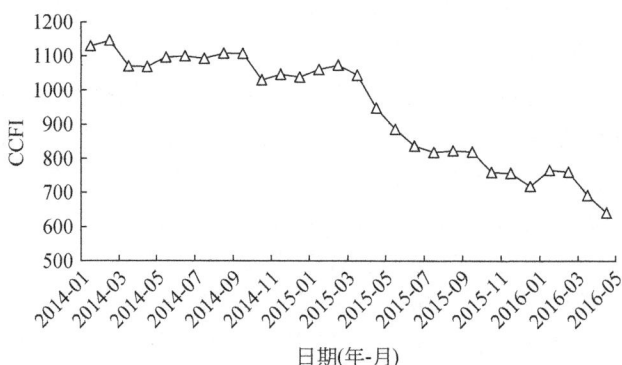

图 8-1　CCFI 走势

数据来源:WIND 数据库

8.2　国际主要航线运行状况分析与预测

1. 北美航线

在经济复苏上,美国具备较多的有利条件。IMF 报告显示,截至 2017 年底美国经济约有 2.3% 的增幅,在主要的发达经济体中,美国的经济增长速度居于首位。美元汇率的增值也将促进美国的居民在对外消费的能力和意愿上得到更进一步的提高,进而推进中国出口至美国集装箱的运输需求得到持续上升。在运力方面,途经苏伊士运河至美国东海岸的航线路径随着逐渐推广得到了众多货主的普遍认可,班轮公司也在逐渐相应地扩大在美东航线的运力投放规模,这一举动极大程度上抵消了因需求上升所产生利好因素的影响(这点在 2016 年北美航线的运价前高后低的现象中得到佐证),加之 2016 年上半年,美国西南部港口的劳资谈判顺利结束,码头的装卸效率有了显著提高,使得船舶滞港对运力的吸附能力有了较大幅度的降低。2017 年,班轮公司持续加大在运力方面的投放,运价的反弹难度较大。

2. 欧洲航线

欧元区的经济能否得到复苏尚无法确定,并且存在着欧元兑换人民币的汇率的不确定性,导致中国对欧洲集装箱运输需求的增长速度变得缓慢。鉴于短期内市场基本难以发生质的改变,因此无法排除班轮公司会选择兼并重组、转换联盟、整合航线等方式方法来改变市场结构的可能性。

3. 日本航线

2017 年,日本政府下大力气转变经济的颓势但过程万分艰难。由于前期采取的量化宽松政策的不利影响已逐渐呈现,制造业的生产、出口和公民个人消费的增长基础都比较薄弱,虽然日本政府在 2016 年下半年为了提高经济的增长幅度而推行了"安倍经济学"的"新三支箭"政策,但市场反应冷淡。IMF 数据显示,2017 年日本经济依旧保持低速增长,增长速度约为 1.5%。中国与日本之间的贸易发展前景并不乐观,中国出口去往日本航线的运输需求也难以有所改变。

4. 南北航线

在美联储加息"靴子落地"的背景下,新兴的经济体于 2017 年出现了一个新的现象:27 年来第一次资本外流。本国的货币在不断贬值、通货膨胀的风险快速累积、大宗商品的价格开始大幅下滑、就业市场显著恶化,虽然依赖于本国价格低廉的劳动力以及邻近于发达经济的区位优势,使得部分新兴市场能够在一定程度上带来部分中国已淘汰的产能迁入,保持经济的平稳增长,但难以恢复高速增长水平;澳大利亚则依旧受到低迷的国际大宗商品市场价格以及美元持续升值的影响,经济增长的速度有所减缓。从总体来看,受到 2016 年较低的运输需求基数影响,南北航线的运输需求可能会有较快的增长速度,但仍与 2014 年的增长水平差距较大,主干航线淘汰运力的涌入将持续对南北航线供需平衡带来较大的不利影响。由于 2016 年新船交付量的规模依然较为巨大,南北航线供大于求的现状依旧难有质的转变,班轮公司自我协调运力的程度,以及在各南北航线彼此之间的运力调配,将会成为各航线行情波动的重要影响因素,市场的运价极有可能会延续近几年以来的大幅波动走势。

综合多种不确定性因素和中国、美国、欧洲、日本等多方的经济发展态势,预计 2018 年世界集装箱运量将会小幅增长,但是仍然面临一定的不确定性。

参 考 文 献

海盐 . 2014. 欧洲三大港口应对挑战[J]. 海运情报,(12):28,29.

于立新,杨晨 . 2013. 新阶段我国服务贸易发展战略路径研究[J]. 国际贸易,(1):62-66.

重华 . 2011. 不来梅哈芬港:重被发现的欧洲节点港[J]. 中国远洋航务,(1):66-68.

周阳 . 2009. 美国对外贸易区制度及对我国保税港区的启示[J]. 水运管理,31(2):17-20.

第9章 中国主要港口吞吐量预测结果

作为世界经济以及贸易载体的集装箱运输,不但是全球经济发展和国际贸易增加的主要保障,而且关系到绝大多数企业的关键利益乃至我国的经济命脉。对港口未来的集装箱吞吐量进行科学性预估,有助于为港口以及港口所在城市的发展和港口所在国家的经济增长给予决策时所必需的关键信息,对港口规划建设的准确指导、港口投资规模的确定以及推动地区经济的健康发展都具有极其重要的战略性意义。因此,对世界集装箱的运输、全球各个港口的集装箱运量的科学预估进行研究及分析,不仅有助于促进世界经济和贸易的增长,而且对国家以及企业的可持续发展都具有较为深远的意义。

本章基于 TEI@I 综合集成预测模型对我国主要港口的集装箱吞吐量进行预测,包括长三角地区、珠三角地区、环渤海地区和东南沿海地区的 12 个港口。

9.1 长三角地区港口

长三角地区港口坐落于我国东部沿海长三角地区,江海交汇,其具有极度优越的区位条件,是我国吞吐量最大的港口群。长三角地区港口群依托上海国际航运中心,由江苏、浙江、上海两省一市的 30 余个大小港口组成,不但有国际上著名的大港——上海港和宁波-舟山港,而且有一批区域性的重要港口,如苏州港、嘉兴港、温州港等。长三角地区港口群主要服务于长三角以及长江沿线地区的经济社会发展,其直接腹地为上海市、江苏省和浙江省,其间接腹地为长江流域的所有省市,包括重庆、四川、湖北等。

长三角地区是我国经济最发达、最具活力和竞争力的区域之一,囊括了"一带一路"沿线的多个主要节点和枢纽城市,在"一带一路"倡议逐步实施的大背景下,长三角地区港口群将面临更多的机遇和发展,其在国际和国内的竞争力预计将稳步维持和提升。以下对长三角地区港口群的两个核心港——上海港和宁波-舟山港的近期发展进行详细分析。

9.1.1 上海港

1. 集装箱吞吐量变化趋势

上海港地处长江三角洲的前缘,坐落于我国海岸线与长江"黄金水道"的交汇点,拥有广袤富饶的长江三角洲和长江流域作为主要经济腹地,并且毗邻全球东西向国际航道主干线,是世界各港口连接中国内地的最佳门户之一。得天独厚的地理位置、便利的水陆交通、畅通的集疏运渠道,以及发达的航空运输,使上海港成为我国沿海的主要枢纽港,受益于国家的一系列优惠政策,是我国重点建设的国际航运中心。上海港的集装箱码头主要分布在洋山、外高桥和吴淞这三大港区。其中,作为核心港区的洋山深水港具有水深15m的良好自然条件,可全天候容纳超大型的集装箱船舶满载靠泊作业。

2015年,上海港累计完成集装箱吞吐量3656.87万TEU,同比增加了4.05%,比2014年4.78%的增长速度下降了0.73个百分点。上海港连续6年稳居全球第一,相对于第二名的新加坡港的优势不断扩大。根据较有权威性的中国港口网的数据,2012年上海港领先新加坡港80余万TEU,2013年逐渐扩大到100余万TEU,2014年扩大到140万TEU左右,2015年更进一步扩大到560万TEU左右。

2016年1~5月,上海港累计完成集装箱吞吐量1479.00万TEU,同比下降了1.53%,比2015年同期5.63%的增长速度下降了7.16%,见图9-1。

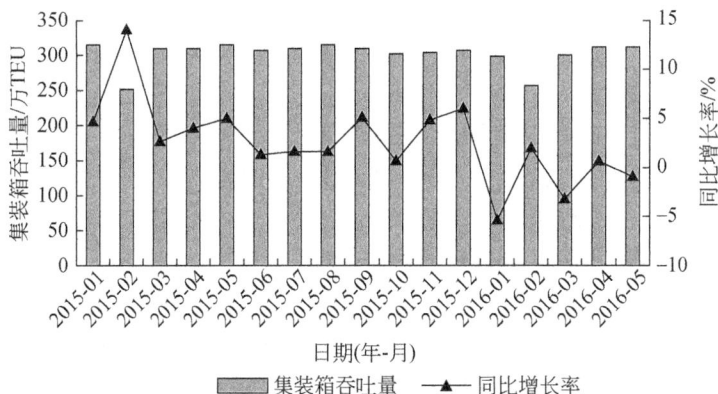

图9-1　上海港集装箱吞吐量及同比增长率

数据来源:WIND数据库

2. 集装箱运输发展前景分析及预测

2015年3月,上海国际港务集团股份有限公司获得以色列海法新港自2021年起连续25年的码头经营权,这是上海落实"一带一路"倡议的重要举措。同年7月,上海航运交易所自行研发编制的"一带一路"航运指数正式对外发布。从基础设施硬件到服务软环境两方面,上海国际航运中心与"一带一路"倡议形成了有力呼应。

在海事局等部门支持下,2015 年 5 月起,上海国际航运中心的洋山深水港实现能见距离 500m 以上时船舶正常进出港,使得上海港一跃成为全球少有的全天候、现代化港口之一。2015 年 12 月是洋山深水港开港的第十年,十年时间里,洋山深水港累计完成集装箱吞吐量 1.08 亿 TEU,从默默无闻的渔村小岛成长为全球最大的现代化集装箱港区(杜麒栋,2014;张明香,2015)。

2016 年 2 月 19 日,召开了上海市关于推进国际航运中心建设 2016 年度工作会议。会议提出,2016 年,上海国际航运中心的建设过程中要充分体现出两个"落实":

一是落实党中央提出的"创新、协调、绿色、开放、共享"五大发展理念,努力在航运制度上取得创新和扩大开放,要在枢纽建设与城市交通、环境之间的协调发展上给予足够的重视;

二是要贯彻落实上海市委"管为本、重体系、补短板"的要求,与国际先进水平相对比,找寻自身尚且做得不够好的地方,着力于补短板、促提升。

上海国际航运中心将会与我国"一带一路""长江经济带"的发展战略主动对接,围绕着物流集疏运效率的有效提升、海空枢纽的重要地位的巩固,凭借着上海自贸试验区扩围的契机,营建优良的航运发展的环境,抓住上海全球科创中心建设的机遇、不断提高航运中心的国际竞争力和可持续发展能力的总体思路,着眼六个方面的工作:

一是要不断地推动创新,努力在航运服务的功能上取得重大突破;

二是环境的营造,将各类市场上的主体集聚起来;

三是要统筹发展,加快航空大都市的建设;

四是要提高质量增加效率,不断对集疏运体系进行优化;

五是要常抓不懈,建设港航既安全又环保的体系;

六是要增强保障,支撑航运中心的持续发展(安呈瑶,2014;陈佳,2014)。

综上分析,在我国逐步推行"一带一路""长江经济带"等发展战略的背景下,上海港将立足于国家战略,更好地对接和服务国家战略。2016 年,上海港集装箱的吞吐量平稳增长,继续维持其龙头地位,上海国际航运中心的国际地位能够得到更进一步的提高,国际上的竞争优势继续增强。

综合考虑各方面因素建立综合集成预测模型,预计 2018 年上海港将达到集装箱吞吐量 4460 万～4480 万 TEU,同比增加 10.9%～11.4%。

9.1.2　宁波-舟山港

1. 集装箱吞吐量变化趋势

宁波-舟山港地处我国的东南沿海,背靠着长江经济带与东部沿海经济带的 T 形交汇的长江三角洲地区。宁波-舟山港是现代化的深水大港,集内河港、河口港和海港于一体,是上海国际航运中心的重要组成部分。宁波-舟山港的海域岸线总体长度为 4750km,其中用来规划港口深水岸线的有 384.9km。全港共划分了 19 个港区,如甬江、镇海等。宁波-舟山港的港口具备极度优越的自然条件,宁波港是世界少有的深水良港,可以停泊不同吨位等级的国际大小集装箱班轮;舟山港的特点是水深流顺、不冻不淤,即使是 30 万吨级大轮依然可以自由进出港,它是我国内地进出 10 万吨级以上的超大型巨轮数量最多的一个港口。在集装箱船大型化的必然趋势下,宁波-舟山港可以更进一步发挥自身优势(童孟达等,2014)。

2015 年,宁波-舟山港累计完成集装箱吞吐量达 2048.89 万 TEU,首次突破2000 万 TEU 大关,同比增长了 6.37%,比 2014 年 11.93% 的增长速度下降了5.56 个百分点(王凤山等,2015)。宁波-舟山港近年发展势头迅猛,2014 年超过釜山港 70 余万 TEU,排名世界第五,2015 年又超过香港港 40 余万 TEU,排名世界第四(前三位分别是上海港、新加坡港、深圳港)。

2016 年 1~5 月,宁波-舟山港累计完成集装箱吞吐量 892.92 万 TEU,同比增长了 1.97%,比 2015 年同期 12.14% 的增长速度下降了 10.17 个百分点,见图 9-2。

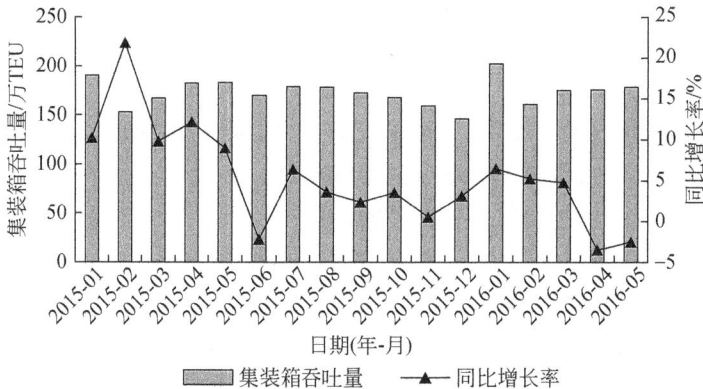

图 9-2　宁波-舟山港集装箱吞吐量及同比增长率

数据来源:WIND 数据库

2. 集装箱运输发展前景分析及预测

宁波-舟山港的一体化是浙江省实施"港航强省"与"港口联盟"战略的核心。2015 年 9 月 29 日,宁波-舟山港一体化取得了实质性进展,宁波港发布公告称,收到了控股股东宁波港集团有限公司的通知,宁波港集团已经顺利完成了与舟山港集团有限公司的合并事宜,并已完成了相关工商变更登记手续。据发布的公告显示,宁波港集团名称已变更为宁波舟山港集团有限公司,宁波市国资委与舟山市国资委两家单位分别持股 94.47% 与 5.53%。至此,浙江最大的两家港口企业成功完成合并。

　　宁波港和舟山港两个港口的合并,仅仅是浙江省海港资源整合的起点。浙江省政府提出沿海港口作为海洋经济发展的龙头,也是浙江省参与"一带一路""长江经济带"发展战略的核心载体。2015 年 8 月 21 日,浙江海港投资运营集团有限公司成立,以该集团作为平台,整合省内的宁波港、舟山港、嘉兴港、台州港和温州港五大港口公司,进行统一运营。坚定落实浙江省委省政府统筹全省港口、岸线等海洋资源的战略方针,对全省重要海洋港口资源开发利用进行管控,着重推进投融资、港口运营、开发建设以及航运服务四大业务的发展,努力打造总资产数千亿元的大型海港企业集团。

　　2016 年 4 月,《浙江省海洋港口发展"十三五"规划》(简称《规划》)审批通过,作为浙江省第一个出台的"十三五"重点专项规划,明确提出要"全力打造全国海洋港口发展先行区"。《规划》表示,要大力促进构建以宁波-舟山港为主体、以浙东南沿海港口以及浙北环杭州湾港口为两翼、联动发展义乌国际陆港以及其他内河港口的"一体两翼多联"的港口发展格局。《规划》还提出,要大力推进宁波-舟山港"智慧港"建设,逐步完善港口物流、贸易、航运服务等功能。根据《规划》,到 2020年,宁波-舟山港货物集装箱航线将超过 250 条,集装箱吞吐量将突破 2600 万TEU,全省沿海港口新增万吨级以上泊位 51 个,完成集装箱吞吐量达 2900 万TEU,并力争实现 3000 万 TEU。

　　综上分析,宁波-舟山港将继续发挥自身的区位优势,并持续受益于浙江省港口资源整合的优势,2016 年宁波-舟山港集装箱吞吐量将会继续保持快速增长,综合实力将进一步提升,竞争优势持续增强。

　　综合考虑各方面因素建立综合集成预测模型,预估 2018 年宁波-舟山港将完成集装箱吞吐量 2700 万～2710 万 TEU,同比增长 9.7%～10.1%。

9.1.3　连云港港

1. 集装箱吞吐量变化趋势

　　连云港港位于中国沿海中部海州湾的西南岸以及江苏省的东北部。港口北部具有长达 6km 的天然屏障,南部是巍峨的云台山,是横贯中国东西的陇海、兰新铁路的东部终点港,被称为新亚欧大陆桥东桥头堡以及新丝绸之路东端的开端,是中国中西部地区最重要的出海口。连云港港以从事集装箱和大宗散货运输为主,不仅是国家规划的能源与原材料运输的重要港口,而且是中国沿海集装箱运输的支线港。

　　2008 年,连云港港集装箱吞吐量首次超过 300 万 TEU,2013 年突破 500 万 TEU。2014 年,连云港港集装箱吞吐量比 2013 年有所回落,达 490 万 TEU,同比下降了 10%。2015 年连云港港集装箱吞吐量全年为 493 万 TEU,同比增长 0.61%;2016 年 1～5 月,连云港港累计完成集装箱吞吐量 216 万 TEU,同比增长 5.5%,见图 9-3。

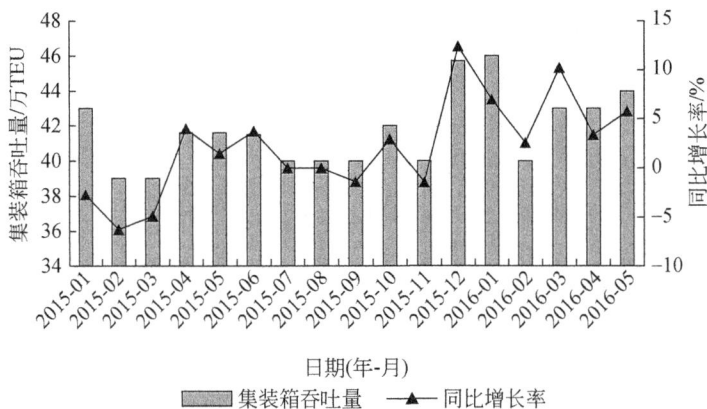

图 9-3　连云港港集装箱吞吐量及同比增长率
数据来源：WIND 数据库

2. 集装箱运输发展前景分析及预测

连云港港作为新亚欧大陆桥东桥头堡，位于"丝绸之路经济带"与"21 世纪海上丝绸之路"的战略交汇点。向东，我国连云港港同日韩等国的传统经贸保持着紧密合作，日韩的货物经由连云港港进行陆路运输最为便捷、最具优势；向西，途径我国新疆和甘肃，借道连云港港，是中亚国家一个重要的出海通道。

1）打造"一带一路"建设高地

虽然连云港港是"一带一路"重要交汇点，但是连云港港承接"一带一路"的基础设施先天不足。基础设施较为薄弱，码头长度过小，泊位数量不足。同规模较大的宁波-舟山港、广州港相比，连云港港的码头长度及泊位数量很少，在一定程度上阻碍了连云港港贸易规模的扩张。同时，连云港港现有的交通基础还比较薄弱，导致港口集疏能力受到限制。在铁路方面，只有自东向西的陇海铁路，没有建立起铁路网络，同南北的联系较少；在公路方面，高速公路网络已大致成形，贯穿南北东西，但其密集程度较低；在航空运输方面，现有的白塔埠机场，规模相对偏小，国际航班有所欠缺。

2016 年，连云港港加快了港口承接"一带一路"基础设施的建设，连云港港、徐圩港以及赣榆港建设速度都在提升，新机场同样处于加快建设中，在此过程中，连云港必须出台与之相应的措施。为了提升基础设施建设速度，连云港市国家税务局特地发布了落实公共基础设施项目企业所得税"三免三减半"的优惠政策，推动徐圩港、赣榆港及灌河港等的基础设施项目建设加快进行。所有承包连云港港"一带一路"基础设施的企业从项目获得第一笔生产经营收入所属的纳税年分期，允许第 1 年到第 3 年免征企业所得税，从第 4 年到第 6 年开始对企业所得税的征收减半。

2）多方全力支持发展集装箱

2016 年,连云港港口控股集团倾全港之力促进集装箱发展。落实集装箱优先发展战略,强化组织领导,制定发展规划,建立责权分明、上下联动、内外协同的保障体系,在政策扶持、人才引进、资源配置等方面提供优先支持。以此为基础,对业务布局进行深度优化,连云港港的发展重点在于充分发挥中哈物流基地政策优势,提升集装箱中转业务规模及品牌效应(陆悦铭,2011)。依据"一带一路"倡议,同中哈物流园展开紧密合作,与此同时,借助连云港港海运内贸航线,将 KTS 箱租业务进行推广。在发展中亚、中欧班列方面,作为中国第一家开始国际联运业务的企业,连云港港口控股集团肩负了中国约 50% 的过境运输量,具备了坚实的业务基础与人才储备,同时把握"一带一路"交汇点东端起点的地理区位优势,不断深化同中哈物流基地、上合组织国际物流园的合作,大力发展中亚、中欧产业链,进而向中亚、中欧货源集散地与交易中心的目标迈进。

3）连云港港成为启运港退税政策重要试点

2014 年 8 月 14 日,财政部、海关总署、国家税务总局联合发布通知称,依据《国务院关于印发中国(上海)自由贸易试验区总体方案的通知》(国发〔2013〕38 号)相关规定,根据初期具体试点的实际情况,决定扩大对启运港退税政策的试点范围。其中,包括连云港市连云港港、芜湖市的朱家桥港、九江市的城西港、青岛市的前湾港、武汉市的阳逻港和岳阳市的城陵矶港。

启运港退税,指的是由启运港发往洋山保税港区中转到境外的出口货物,一旦被确认已离开启运港,立即将其视同出口随即能够办理退税。作为在出口退税管理模式上的一种创新,这一政策的实行不仅有益于出口企业及时办理出口退税,加快资金的周转速度,而且促进了出口企业的健康发展,同时也可降低从国内流失到国外港口的中转箱量。

2015 年 4 月 3 日,连云港远泰国际贸易有限公司向当地海关提出申请,对尼日利亚的 232m³ 石膏板进行出口,海关迅速办理了出口转关至洋山保税港区的手续,紧接着签发出口退税证明联,这票货物是连云港启运港退税政策施行的第一单。

4）连云港将大力推进自贸港区申建工作

2015 年 1 月 27 日江苏省第十二届人民代表大会第三次会议中,连云港市政府工作报告中指出,要积极推动连云港自贸港区的申建工作。把握住"一带一路"倡议发展机遇,加强同上海自贸区的对接力度,推动自贸港区申建工作的进行,高质量、高水平地建设好、利用好连云港中哈物流基地这一品牌(沪生,2013;吴明华,2013;沈文敏,2013;东朝晖和刘晓雷,2015)。

5）连云港港成为哈萨克斯坦货物过境亚太转至中亚、欧洲的唯一港口

2014 年 12 月,连云港港口控股集团与哈铁快运股份公司一同签定了《关于加

强和改善新亚欧大陆桥国际物流运输框架协议》。双方将使连云港的新亚欧大陆桥东方桥头堡和"一带一路"的陆海交汇点的地理优势,以及哈铁快运在货物运输与货源组织方面的优势得以充分发挥,共同推进两国经济的合作发展。

依据该协议,哈萨克斯坦将以连云港港为其货物的主要进出口岸,随着国际中转货物经由连云港港集散量的增加,双方将定期运作经过连云港港的中国—欧洲、中国—中亚的集装箱班列,并且在双方政府政策的支持下,哈萨克斯坦货物将经由连云港港过境到韩国、日本以及东南亚国家。这对于拉动港口的吞吐量有积极作用。

6) 中韩自贸区签署完毕

我国连云港港至韩国仁川港仅有 396 海里,是日韩货物进出中亚的最佳口岸,具有独特的地理区位优势。连云港也由此升为中韩自由贸易区先行试验区建设的候选城市。欧亚大陆桥作为韩国货物进出中亚、西亚地区的重要通道,担负着韩国货物西进的重要职责(尧乐,2010;彭传圣,2010)。除此之外,伴随中韩自由贸易区的建设发展,连云港港作为海陆丝绸之路交汇点,其地理区位及港口优势将会越发得以凸显,当前,我国连云港港已经开通到韩国仁川与平泽港的航路。虽然至 2016 年仍无法明确中韩自由贸易区先行试验区落在何处,但连云港港将能够承接到更多的中韩自贸区红利,这对提升港口吞吐量有着积极的影响(郑燕等,2014)。

连云港市政府规划中,将 2018 年集装箱运量目标定为 500 万 TEU。

通过综合考虑各方面因素建立综合集成预测模型,预计 2018 年连云港港的集装箱吞吐量将达 490 万~500 万 TEU,同比增长 3.8%~5.9%。

9.2　珠三角地区港口

珠三角地区港口群作为中国重要的港口群之一,位于太平洋东岸,远东—欧洲与远东—北美两大国际航线交汇处,担当中国的南方门户。港口群借助航运发达的珠江水系,四通八达的高等级公路,京广以及京九等铁路干线与广大内陆腹地相通(周文炜,2011)。珠三角地区港口群是广东省及华中、西南地区能源、原材料与外贸物资运输的重要枢纽,形成以香港港为中心,深圳港、广州港为枢纽,其他中小港口为补充的竞争格局,为腹地加工贸易、现代加工制造基地的发展提供了条件,使得珠三角地区沿海港口与广大腹地有了更好的衔接(蔡佩林,2011)。

珠三角地区作为中国改革开放的先行地区,是中国主要的经济中心,在全国经济社会的发展与改革开放的大局中发挥着明显的引领作用。依据《珠江三角洲地区改革发展规划纲要(2008—2020 年)》,珠三角地区将按照主体功能区进行定位,合理调整珠三角地区的空间布局,将广州和深圳作为中心,将珠江口东岸和西岸作为发展的落脚点,深入促进珠三角地区的经济一体化,推动环珠三角地区加速发展,构建资源要素合理配置、地区优势完全发挥的发展新格局。预计到 2020 年,珠三角港口货物吞吐能力将达 14 亿吨,集装箱吞吐能力将达 7200 万 TEU。

珠三角地区工业基础雄厚,以珠江东西两岸为分界,逐步建立起各具特色的产业集群,东岸是全国规模最大的电子信息产业集群,西岸形成了电器机械产业集群。然而,随着劳动力成本提高以及劳动力短缺等情况的加剧,珠三角产业结构面临转移和升级的压力。广东省提出了“双转移”战略,包括产业转移与劳动力转移两方面,逐步建立起珠三角与粤东西北地区产业合作对接机制,为珠三角地区腾出了更大空间重新规划布局现代化工业和高新技术企业,有力推动了珠三角地区产业转型升级及“一体化”进程。随着珠三角地区产业转移的进行、珠江西岸生产制造业的快速发展,以及大铲湾、南沙港和珠海港的发展,珠三角地区的港口布局正在发生深刻变化,珠三角地区港口群的分工格局将有重大调整。

此外,珠三角地区各主要港口处于同一水域,货源腹地高度重合,在货源、航线以及配套服务等多个方面都出现了一定程度的竞争。港口网络布局协调性差,区域内的分工协作以及差异化发展有所不足,缺少高端航运服务业的支撑,临港产业集聚的功能没有充分发挥,经营者难以通过理性的市场定位来形成互补、共赢的局面,珠三角地区港口间的恶性竞争将逐渐凸显。南沙港区的迅速发展势必会削减深圳港大量外贸集装箱货物来源,而珠海港的发展也必将分散大量广州港的干散货货源,从整体上看,整个珠三角地区的港口中心正从东岸开始向西岸转移。而大铲湾各期投产后对深圳—香港市场的格局带来较大的影响,香港港市场份额可能会进一步流失。

9.2.1　珠三角地区港口群集装箱吞吐量变化趋势

1. 香港港

香港港位于珠三角入口,是我国与邻近亚洲国家贸易往来的要冲,也是全球供应链上的主要枢纽港。香港港的集装箱业务已经开展超过 40 年,经历数年发展,现已成为世界一流的集装箱港口之一。

2015 年,香港港的集装箱吞吐量为 2007.3 万 TEU,同比下降了 9.7%,已连续四年处于下跌状态,是 2003 年以来的最低水平,在全球排名中跌至第 5 位。其中,2015 年全年香港葵青港区的吞吐量同比降低了 11.5%,跌至 1557.2 万 TEU,中流作业以及公众卸货区吞吐量亦下跌了 3%,跌至 450.0 万 TEU。2015 年香港港海运集装箱吞吐量与 2014 年相比下跌 11.1%,为 1386.7 万 TEU,而河运载货集装箱下跌 6.5%,为 620.5 万 TEU。值得注意的是,就在香港港处于后勤用地不足的困境之时,其他港口奋起直追,新加坡港、上海港与深圳港依次于 2005 年、2007 年和 2013 年超越香港,2015 年香港港又再次被宁波港赶超,全球排名下降至第 5 位。

香港海运港口局发布的数据显示,香港港 2016 年 4 月的货柜吞吐量数据再降 9.3%,至 157.8 万 TEU,此次已是连续第 22 个月下跌。2016 年前 4 个月本港货柜量累计降低 11.2%,至 591.5 万 TEU,跌出了全球前五的行列。香港海运港口局表示,2016 年 4 月,葵青港区货柜量下降 9%,至 124.8 万 TEU,中流作业、公众卸货区以及内河运输货柜量下降了 10.3%,至 33 万 TEU。前四个月的葵青港区货柜量下降了 11.1%,至 468 万 TEU,中流作业、公众卸货区以及内河运输货的柜量下降了 11.4%,至 123.4 万 TEU。香港港的集装箱吞吐量及同比增长率见图 9-4。

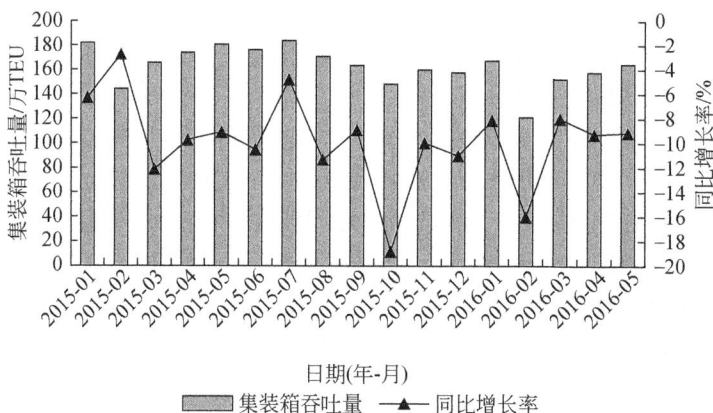

图 9-4　香港港集装箱吞吐量及同比增长率

数据来源:CEIC 数据库

2. 深圳港

深圳港地处珠江口以东、南海大亚湾以西的深圳市两侧,沿海岸线包括西部港区与东部港区两部分,西部港区处于珠江入海口东岸,水深港阔,天然屏障良好,航线以地中海线、亚洲线为主,东部港区水深 12～14m,海面开阔,风平浪静,是华南地区优良的天然港湾。

2015 年,深圳港全年完成集装箱吞吐量 2421 万 TEU,同比增长了 2.15%,其中重箱吞吐量 1606 万 TEU,占全港吞吐量的 66% 以上。这也反映出深圳港集装箱吞吐量已经连续第 3 年处于世界第三的位置。深圳港的集装箱吞吐量及同比增长率见图 9-5。

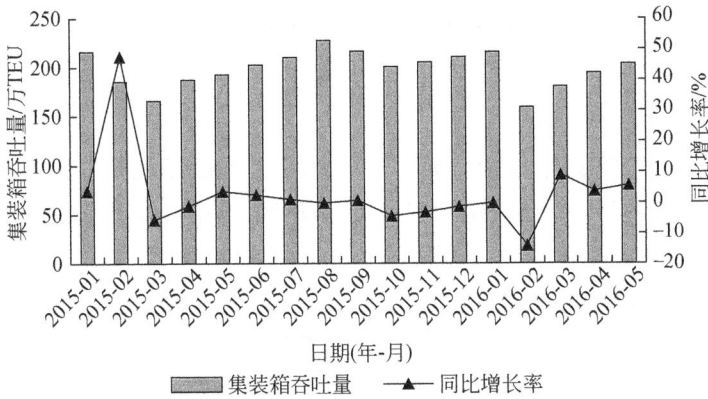

图 9-5　深圳港集装箱吞吐量及同比增长率

数据来源：CEIC 数据库

3. 广州港

广州港地处珠三角中心地带，是我国沿海的主枢纽港之一以及华南最大的以散货运输与以国内集装箱运输为主的综合性港口。近年来，随着南沙港区开始投入运营，广州港实现了由河港到海港的转变，从支线港全面提升到干线枢纽港，竞争优势逐步显现。

2015 年，广州港的集装箱吞吐量为 1757 万 TEU，同比增长了 8.5%，位居世界集装箱港口吞吐量排名第八位。2016 年第一季度，广州港集装箱吞吐量累计达到 402 万 TEU，同比增长了 4.87%。广州港的集装箱吞吐量及同比增长率见图 9-6。

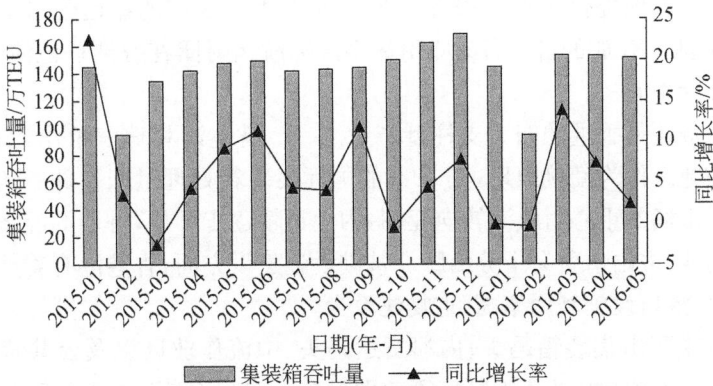

图 9-6　广州港集装箱吞吐量及同比增长率

数据来源：CEIC 数据库

9.2.2　珠三角地区港口群集装箱运输发展前景分析及预测

1. 香港港

香港港的迅速发展及其在全球港口中始终保持领先地位是以港口自身的天然条件和建设管理为基础的。香港港共有 15 个港区,其中维多利亚港区是世界上三大天然深水港之一,不冻不淤,港内航道平均水深超过 10m,大型远洋货轮能够随时进入码头与装卸区。与之相配的,香港港还具备现代化的港口设施与高效率的运营模式,以及先进的港口管理体系,其港口设备能够同时满足上百艘船舶靠泊与进行装卸作业。

发达的海上运输网络及中转优势为香港港的发展提供了有力支持。香港港已经同全球 100 多个国家和地区的 500 多个港口建立了航运往来,构筑起以香港为枢纽,经由 20 多条主航线通往五大洲、四大洋的海上运输网络。与此同时,香港港还是许多国际航线的中途停靠站,截至 2016 年底有近 80 条国际班轮每周提供约 500 班次集装箱班轮服务。香港港一直以来都是国际中心枢纽港,香港港的集装箱处理量中,本地出口及本地进口的集装箱仅占 12%~15%,中转货值比率高达 72.57%。由于香港港在珠三角地区众多港口中最接近国际航线,相对广州港与深圳港具有中转优势,因此在香港进行中转比在深圳可缩短 1~2 天时间,便于处理对时间比较敏感的货物与对运价承受能力较强的货物。

开放的自由贸易港政策以及腹地经济依托是香港港发展竞争的关键,雄厚的金融实力与庞大的加工、转口贸易是香港港口航运业发展的强大后盾。金融业的发展为港口、航道、码头等航运基础设施的建设提供了良好的信贷融资环境,也为远洋航运业的发展提供了保险服务。2016 年在香港登记的船运公司掌控了全球约 10% 的船队。开放的自由贸易吸引诸多国际航运财团在香港登记注册,设立亚太地区的管理中心。

海洋运输业是香港的四大支柱型产业之一。香港港将珠三角作为直接腹地,将整个华南地区作为间接腹地,其 70% 的国际集装箱处理量来自珠三角地区。随着世界航运市场的重心由欧洲转向亚洲,内地市场逐步开放,香港的经济腹地进一步向内地延伸,进出口贸易十分活跃。基础设施建设方面,香港港有着严格的规划与审核程序,港口设施利用率高,重复建设少。

香港港主要由集装箱码头、内河货运码头、中流作业区以及公共货物装卸区组成,此外还包含船坞以及避风塘等辅助设施。自始至终,香港港都在凭借高效的运作效率抵消其高额成本,但是随着大型船舶与日俱增、内河驳船驳运交通流量不断上升,原本受到地域限制的香港港极度缺乏支撑运作效率进一步提升的后勤用地。而且,内地港口的迅速发展,其低成本运作吸引远洋船舶直接靠泊,将继续削减香港港的货量,香港的航运业在亚太地区的领头地位受到前所未有的严峻挑战。

国家"十三五"规划明确表示支持香港巩固并提升其国际航运中心地位,鼓励其专业服务向高端高增值方向发展。再加上"一带一路"倡议带来的机遇,香港在海运业方面具有进一步的提升空间与发展能力,拥有成为国家乃至亚太地区重要国际海运服务枢纽的基础。

香港特别行政区行政长官在 2016 年《施政报告》中表示,要整合香港航运发展局及香港港口发展局两大组织,建立新的高层次督导组织香港海运港口局,从而为特区政府在海运和港口发展方面制定策略提供助力。2016 年 5 月 6 日,香港海运港口局举办了首次会议,共同商讨发展海运及港口业的长远策略,从而进一步推动香港高增值海运服务业群的发展,保持香港港口的竞争力。

另外,香港特别行政区政府于 2016 年 5 月 13 日发布了 2016 年第一季度香港经济报告。数据显示,香港经济增长速度持续放缓,第一季度与 2015 年同期相比增加了 0.8%,然而实际上本地生产总值在第一季度下跌了 0.4%。全球经济增长乏力,加上世界金融与货币市况出现大幅波动,外围环境变差,更加冲击了香港货物与服务贸易。

最近几年,香港航运市场的营运环境发生了明显变化,港口中转货运业务出现上升趋势,依据《香港港口发展策略 2030 研究》预测,这一上升的趋势会继续保持,预计到 2030 年中转货运的占比将会达到 75%,约相当于 2400 万 TEU。转运货物的处理需要集装箱码头拥有足够的设施,来处理大量到港停靠的远洋船舶,进而在各码头间进行集装箱的高效运输。进出口集装箱一般情况下会在港口停留 3～4 天,而转运的集装箱需要停留 4～5 天。由于中转货运量逐渐增加,葵青码头将面临越来越明显的港口阻塞问题,导致运作效率降低,限制了香港港后续的竞争发展。然而,香港能够提供港口使用的后勤用地不够充足,这就导致香港港无法接纳更大体量,作业效率的提升受到影响。本港货柜码头拥挤情况没有得到缓解,严重降低了营运效率,再加上全球经济复苏缓慢,极大程度地制约了作为中转港的香港港的发展。

综合考虑各方面因素建立综合集成预测模型,预计 2018 年香港港将完成集装箱吞吐量 2160 万～2170 万 TEU,同比增长 4.0%～4.5%。

2. 深圳港

深圳是我国南方的主要交通枢纽,水陆集疏运系统建立较早,网络覆盖整个珠三角地区,京九线、广深线接京广线同全国的铁路相连通,机场距离西港区只有22km,拥有便捷的海空联运条件。靠近货源地的区位优势以及相对低廉的劳动力价格优势,使深圳港崛起为华南地区重要的集装箱干线港。

深圳港保持稳定增长,受益于其持续推行多式联运,重视发展国际中转业务。2008 年金融危机爆发后,全球运力普遍过剩、运费不断下跌,航运巨头掀起了购置大船的风潮。由于船舶大型化对港口码头尺度、航道水深以及集疏运能力等条件的要求逐渐变高,拥有天然深水优势的盐田国际等深圳港区趁势获得较大利益,中转箱量迅速增加。此外,深圳港拥有较为发达的班轮航线,多铁联运获得进一步发展。数据显示,挂靠深圳港的国际集装箱班轮航线多达 235 条,与 100 多个国家和地区的 300 多个港口相连通。

2016 年,深圳处于全面贯彻"一带一路"倡议阶段,投入力量建设开放型经济"升级版",同"一带一路"沿线各个国家和地区一同携手,秉承"开放合作,共赢未来"的理念,力争在经济新常态下实现进一步发展。另外,国家在深圳西部珠江口地区打造占地 $15km^2$ 的前海深港现代服务业合作区,并且将其归为广东三大自贸试验区片区之一。该片区具备自贸试验区、深港合作区和保税港区三大区叠加的独特优势,落实"比经济特区更特"的先行先试政策。经过近年来的快速发展,前海已初步具备市场化、法治化、国际化的营商环境,引入了许多海内外优质企业。截至 2016 年底,前海进驻企业累计 6.7 万余家,每天约新增 200 家,均是以金融、科技、现代物流为主导产业类型,现代服务业集聚发展的趋势逐渐形成。深圳正集中精力促进前海现代服务业尤其是金融业开放创新,促使深港澳加强合作,为"一带一路"沿线各个国家和地区实现联合发展提供助力。

深圳将深入贯彻国家在"十三五"规划中明确提出的创新、协调、绿色、开放以及共享这五大发展理念,将交通互联、经贸合作、人文交流三大方面作为重点,全面参与"一带一路"建设,努力建造信息丝绸之路,促进引导华为、中兴等更多信息技术企业走向世界,让沿线国家共享信息经济红利。此外,借助自由贸易区建设与前海开发开放的政策优势,创建深圳丝路基金,探寻更多本外币、境内外、离在岸市场合作渠道。为了使彼此的优势得以充分发挥,促使深圳港建设成为绿色低碳、安全开放的港口,深圳海事局连同深圳市交通运输委员会签定了《加强"十三五"期间合作备忘录》(以下简称《备忘录》)。依据《备忘录》规定,两家单位将一同努力推进船舶大气排放控制区和船舶污染物监视监管工作,构建船舶污染物接收联单机制,从而加快绿色低碳港口的发展建设。

当前,随着国际经济贸易的强劲复苏,基于宏观经济、外贸进出口稳定增长的宏观背景,2018 年沿海港口吞吐量仍将实现稳定增长。

综合考虑各方面因素建立综合集成预测模型,预计 2018 年深圳港将完成集装箱吞吐量 2600 万~2610 万 TEU,同比增长 3%~3.4%。

3. 广州港

作为珠三角地区的内贸港,广州港具有临近货源地且港口腹地广阔,同沿海以及长江的港口相通,拥有优良的内贸运输基础等优势。借助江海联运优势,广州港成为珠三角地区煤炭、粮食、油气品等重点物资的集散地以及钢材等能源、原材料运输的综合性枢纽。广州港腹地制造业较为发达,具备很强的产业配套能力,形成了以 IT 产业为核心的高新科技产业以及以汽车、造船、钢铁及石油化工和冶金等为主的重化工产业,这都为广州港的发展提供了巨大的物流货物来源。2016 年,广州港已经初步搭建起三中心一平台,即石油产品交易中心、煤炭交易中心、粮食交易中心以及金属材料交易平台,不仅使港口获得稳定的货源,也降低了运输成本,减轻了企业的仓储压力,从而提高了经济效益。

面对"一带一路"与自由贸易试验区带来的双重战略机遇,坐拥"21 世纪海上丝绸之路"重要枢纽港的广州,发挥广州港的辐射作用,对外同丝绸之路沿线国家和城市的港口搭建友好港关系,对内同周边和"泛珠"城市完成融合,一同提出建设广州国际航运中心与国际航运枢纽战略,加强港区设施建设,构建完善的通关服务体系,助力推动国际航运中心建设。

2016 年 4 月 20 日上午,广州港集团同上海汽车集团联合举行了"海嘉汽车滚装码头工程项目启动暨平行汽车展贸中心启用仪式"。此项举措代表着广州港集团按照广州建设国际航运中心三年行动计划的部署,抓住了南沙自贸区的政策及相应配套优势,在外贸汽车进口业务上要再次发力,努力将其做大做强,用尽一切力量来全面推动南沙国际汽车物流产业园的建设。项目投产之后可同南沙汽车码头的 5 个泊位相连,年实际的通过能力能够突破 180 万辆,一跃变成中国最大的专业汽车滚装码头。

2015 年以来,广州港集团开始全面落实广州市委市政府关于建设国际航运中心三年行动计划的决策以及部署,积极开拓市场,努力做好外贸航线的开辟工作,到2016 年 4 月 14 日,广州港集团另外开辟了 21 条外贸集装箱班轮航线,包括 2016 年以来新增的 6 条外贸航线,促使广州的进出口贸易在 2016 年 1~2 月完成了 3% 的正增长。截至 2016 年 4 月,广州港已经开辟了 157 条集装箱航线,其中包含 72 条外贸航线。广州港已经发展成为华南非洲航线最多以及班次最多的非洲航线的枢纽港。

截至 2016 年的第一个季度,广州港实现货物吞吐量达到 1.22 亿吨,同比增长了 1.47%;完成集装箱吞吐量 402 万 TEU,增长了 4.87%;广州港集团共完成的货物吞吐量多达 9393.0 万吨,与 2015 年同期相比增加了 267.7 万吨,增长了2.9%;实现了集装箱吞吐量 352.3 万 TEU,与 2015 年同期相比增加了 19.4 万TEU,增长了 5.8%,迎来了国际航运中心建设关键一年的良好开端。

面临经济不断下滑、航运业没有出现好转的趋势以及周边港口剧烈竞争的局面,广州港集团需要全面贯彻落实广州市委市政府的决策以及部署,努力实施广州国际航运中心建设的三年行动计划,汇聚一切力量来完成市场的拓展以及集装箱外贸班轮航线的开拓工作,促使口岸服务效率得到提升以及营商环境得到改善,引导中转货物逐渐回流,从南沙完成进出口。广州港集装箱业务逆势上扬,进一步提升了广州港发展信心、带动了地区经济发展。紧接着,广州港集团还会逐步在欧洲以及亚太地区成立办事处,对欧美航线的开辟、海铁联运和江海联运网络的建设等方面进行重点关注,要全面完善网络的布局,提升集装箱的驳船快线——"穿梭巴士"的支线密度,增设泛珠区域的铁路班列,推动更多外贸企业实现物流路径优化,减少物流成本,使得广州港对周边地区的辐射与带动作用得以加强,力争新增8条外贸航线。

另外,广州港集团能够依赖港口的资源与平台,着重促进粮食、钢材、汽车、冷链以及跨境电商等临港经济产业带的发展,建立起以港口为依托的港航、展示、贸易以及物流等要素的集聚区,截至2017年底,全省港口共有生产性泊位12715个,其中万吨级以上泊位309个,约占全国的1/8,居全国第二。2017年,全省港口完成货物吞吐量19.8亿吨,居全国第二,集装箱吞吐量完成6627万TEU,居全国第一。

综合考虑各方面因素建立综合集成预测模型,预计2018年广州港将完成集装箱吞吐量2125万～2145万TEU,同比增长4.3%～5.3%。

9.3　环渤海地区港口

9.3.1　天津港

1. 集装箱吞吐量变化趋势

天津港地处京津城市带与环渤海经济圈的交汇处,是北京的海上门户,也是连接东北亚与中西亚的纽带。天津港是中国北部沿海的主要枢纽港,同时也是京津冀现代化综合交通网络的关键节点,作为华北以及西北地区能源物资与原材料运输的重要中转港,也承担着北方地区的集装箱干线港以及推动现代物流发展的重任。

天津港2015年完成集装箱吞吐量1408.27万TEU,同2014年相比增长了0.4%。天津港的集装箱吞吐量及同比增长率见图9-7。2016年前5个月,天津港完成集装箱吞吐量589.17万TEU,与2015年同期相比降低了0.65%。

2. 集装箱运输发展前景分析及预测

天津东疆保税区为天津港提供大量货源支持。2016年,以天津东疆保税港区现有汽车、红酒、食品、果蔬等进口商品市场为基础,计划建立起进口商品分拨基地,使其辐射北京以及河北唐山、秦皇岛、石家庄、保定等多个城市,为各城市企业、商场等提供"门到门"的直接配送。打造北京高端制造业承接区,充分发挥天津港

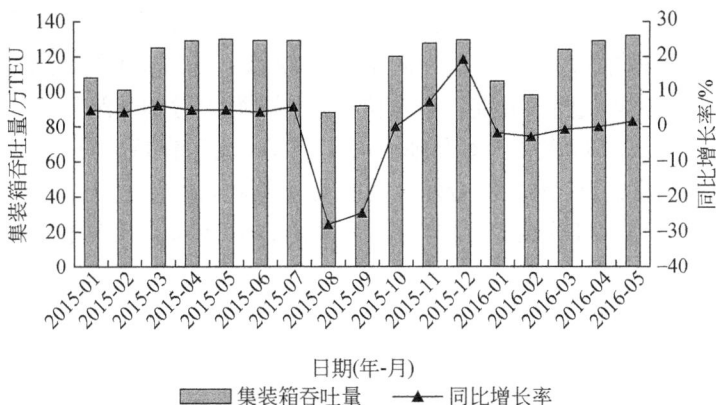

图 9-7　天津港集装箱吞吐量及同比增长率
数据来源:CEIC 数据库

拥有临港工业岸线、土地成本相对较低、原材料聚集、物流配套齐全的优势条件,承接北京高端制造业产业链向临港地区迁移,大力发展船舶、海工装备、港口机械制造等临港工业,建设临港产业科技成果转化基地。

作为我国北方重要的对外贸易通道,天津港近年来对内辐射带动能力明显增强。经过多年培育,由天津港和内陆城市合作建设的"无水港"作用逐渐凸显,覆盖腹地面积近 500 万 km² ,全港有 70%左右的货物吞吐量以及 50%以上的进出口货值均来自内陆地区。

政策方面,2015 年 4 月 22 日,根据《全国沿海邮轮港口布局规划方案》,计划打造全国沿海邮轮港口体系,将重点发展大连港、天津港、青岛港、烟台港、上海港、宁波-舟山港、厦门港、深圳港、广州港以及三亚港为始发港。计划到 2030 年,将我国打造成为全球三大邮轮运输市场之一,实现邮轮旅客吞吐量居世界前列。

综合考虑各方面因素建立综合集成预测模型,预计 2018 年天津港将完成集装箱吞吐量 1540 万~1550 万 TEU,同比增长 2.4%~3.1%。

9.3.2　青岛港

1. 集装箱吞吐量变化趋势

青岛港地处山东半岛的胶州湾,扼黄海北部之咽喉要道,是太平洋西海岸重要的国际贸易口岸和海上运输枢纽。港区内部水域比较宽深,一年四季均可通航,港湾具有口小腹大的特点,是我国著名的优良港口。青岛港共包括四大港区:青岛老港区、黄岛油港区、前湾新港区及董家口港区,2014 年拥有码头 15 座、泊位 72 个。

2016 年,青岛港拥有 6 个能够停靠 5 万吨级船舶的泊位和 6 个能够停靠 10 万吨级船舶的泊位,其主要是提供集装箱、煤炭、原油、铁矿和粮食等进出口货物的装卸服务以及国内外的客运服务。截至2016年底,已吸引全球知名船公司全部入驻青岛港,顺利开辟航路150多条,构建起东南亚22条、日韩33条的"优势航线组群",航线数量与密度稳居我国北方港口第一位,为国家"海上丝绸之路"战略实施提供了有力的支持,同全球130多个国家和地区的450多个港口保持着贸易上的往来。国务院将青岛港定位成现代化的综合性大港以及东北亚国际航运的枢纽港。

借助于北方港口群的核心区位优势,青岛港2015年全年集装箱吞吐量达1734万TEU,同比增长了4.3%;2016年前5个月,青岛港实现集装箱吞吐量740.61万TEU,同比上升了4.33%,如图9-8所示。

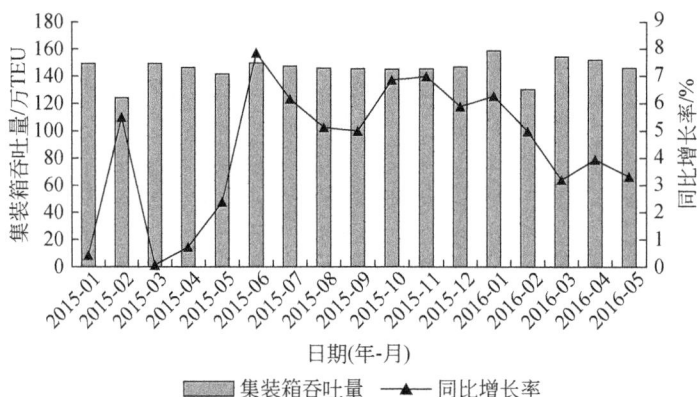

图9-8　青岛港集装箱吞吐量及同比增长率

数据来源:CEIC数据库

2. 集装箱运输发展前景分析及预测

连续低迷的全球经济形势进一步影响着港口市场的发展,迫使中国港口进行转型升级。对此,青岛港在继续对传统业务进行升级的同时,促进现代物流以及金融服务等新兴业态多元化的发展,大力推进落实金融、国际化以及互联网三大战略。

当前,青岛港自动化码头建设项目正处于加速推进状态,2016年底、2017年初两大世界级集装箱自动化泊位投入运营,人力成本节省50%~60%,效率提高30%。这是我国自行研发的全球第四代全自动码头装卸系统,同时也是亚洲地区第一个真正意义上的集装箱全自动化码头。

对于青岛港而言,"互联网+"已然成为港口转型的重要推动力,努力完成全球物流强港的"无边界野望"。随着电子口岸船舶"一站式"申报系统正式运行,申报、审批、结果查看的一站式"单一窗口"功能得以实现。大量新项目的落地,构建起港口建设发展的新格局,成就了多元驱动、平衡发展的新态势。在市场经济发展浪潮中,随着结构性改革开始逐渐步入"深水区",青岛港正展现出史无前例的发展气象,开辟出了一条可持续的发展之路。

综合考虑各方面因素建立综合集成预测模型,预计 2018 年青岛港可完成集装箱吞吐量 1860 万～1880 万 TEU,同比增长 1.6%～2.7%。

9.3.3　大连港

1. 集装箱吞吐量变化趋势

大连港地处渤海湾的入口处,临近国际主航道,具有异常优越的自然条件,是中国沿海集装箱运输的重要干线港、区域能源与原材料运输的重要中转港以及东北亚国际航运中心的核心港。大连是哈大铁路的终点站,担任东北门户的职责,是东北地区最核心的具有综合性贸易的口岸。大连港的核心经济腹地为东北三省,随着东北老工业基地振兴战略的逐步实施,东北腹地经济将会保持较快的发展势头,进而促进沿海港口运输需求的增加。大连港作为东北亚油品的转运中心,其最主要的是从事原油、成品油以及液体化工产品的装卸及运输,能够满足 30 万吨级油轮的停靠需求,装卸效率达到 1.2 万吨/h,港区储油罐的容量多达 300 万 m³。大连港是亚洲地区最为先进的散装液体化工产品的转运基地,同时也是我国最大的客/车滚装运输口岸。

"十二五"期间,大连港吞吐量达 5 亿吨,营业收入创下 140 亿元纪录,资产总额过千亿大关,劳动生产率达人均 169 万元,货物吞吐量仍保持着年均 6% 的增长,集装箱吞吐量年均增长率上升至 10%,挤入了千万 TEU 俱乐部。

2015 年全年集装箱吞吐量达 943.99 万 TEU,同比降低 6.55%。吞吐量下降的主要原因是大连港"散改集"进程接近尾声,由港口转型带来的集装箱吞吐量高增长速度无法长期保持,集装箱业务进入稳步发展阶段,而一些宏观因素也对大连港集装箱吞吐量产生了一定的负面影响。大连港的集装箱吞吐量及同比增长率见图 9-9。

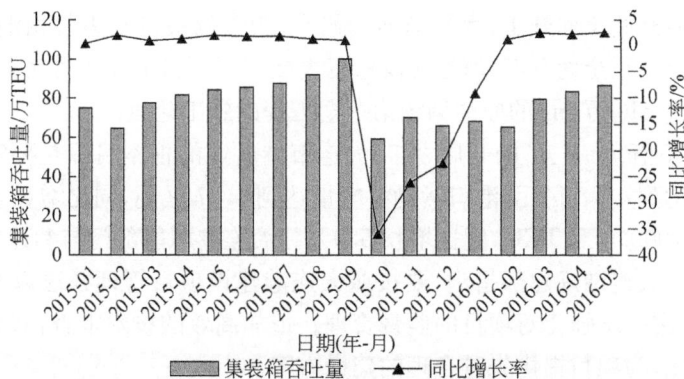

图 9-9　大连港集装箱吞吐量及同比增长率

数据来源:CEIC 数据库

2. 集装箱运输发展前景分析及预测

业务方面,2014 年,大连港成功打造"焦煤接卸"服务品牌,首次将市场拓展到山东半岛,开创了"全程物流＋金融支撑"的贸易新模式。两个超大型原油码头全年共完成接卸 VLCC 油轮 100 艘次,同比增长 11％;原油中转量多达 1939 万吨,同比增长 35.5％。首度完成两项"船船过驳"作业同时进行的油运工艺。

大连港作为东北地区对外开放的门户,1996 年便已开通以"东北一号"命名的哈尔滨班列,目前已经成为我国发展最早的海铁联运的港口。当前,大连港海铁联运的年运量已经突破 40 万 TEU,大连铁路集装箱中心站是当下全国唯一一个能够与港口实现紧密对接的港前站。

2015 年以来,大连港逐步开通了"辽满欧"与"连哈欧"的国际过境班列,并且同哈尔滨铁路局和沈阳铁路局签定了战略合作框架协议,推动海铁联运的发展,搭建"东部陆海丝绸之路"。当前,大连口岸每周可运行超过 50 班的集装箱班列,已构建起辐射东北三省乃至蒙东全境的内陆集疏运网络。

在世界运输需求增长需经受较大下行压力的形势之下,大连港海铁联运集装箱的吞吐量依旧能够保持较为强劲的增长。从大连港 2016 年 1 月 13 日对外公布的消息中可知,2015 年大连港海铁联运业务以全年 34.9 万 TEU 的作业量位列全国沿海港口首位。数据显示,东北地区有 98.5％以上的外贸集装箱货物都是经由大连港进行转运的。

当前,大连港集团已经同全球 160 多个国家和地区的 300 多个港口建立了海上贸易往来,开通了约 80 条集装箱的国际航线,已经发展为我国重要的集装箱海铁联运以及海上中转港口之一。

投资及规划方面,2016 年大连港推进的重点工程项目有:完成了大港区邮轮 10# 以及 11# 泊位的改造项目;大连湾综合交通枢纽客运站工程在 3 月下旬取得施工许可证后便开始全面开工;太平湾通用码头、粮食码头以及集装箱泊位、大窑湾深水航道扩建工程全面开工;海港医院康复大楼工程项目也在 4 月底完成施工;长兴岛着手推进 240 万 m^3 的原油储罐第一期工程的施工建设。

2016 年正值"十三五"的开局之年,大连市港航业的根本目标是要实现港航固定资产投资达到 41.8 亿元;港口货物吞吐量达到 4.27 亿吨,同比增长 3％;集装箱吞吐量达到 1000.6 万 TEU,同比增长 5.9％。大连港职能部门与参建单位共同推进工程建设。大连港规建部指出,要按照大连港建设项目管理办法以及实施细则的具体要求,进一步强化对项目的监督管理。依靠高效的技术审查,对技术方案进行深层次优化,为项目提供先进合理的建设方案。

在国内外宏观经济形势十分严峻的情况下,大连港集团继 2017 年仍然有小幅增长。

综合考虑各方面因素建立综合集成预测模型,预计 2018 年大连港将完成集装箱吞吐量 975 万～985 万 TEU,同比增长 0.5%～1.5%。

9.3.4　营口港

1. 集装箱吞吐量变化趋势

营口港作为中国重要的综合性主枢纽港,是东北和内蒙古东部地区最近的海上门户,也是辽东湾经济区的核心港口。营口港位于辽宁沿海经济带和沈阳经济区,是中国沿海连接欧亚大陆桥新的桥头堡。营口港由营口港务股份有限公司经营,下辖营口、鲅鱼圈、仙人岛、盘锦、海洋红、绥中石河和葫芦岛柳条沟 7 个港区。2007 年,其港口吞吐量已超亿吨,成为全国第 10 个亿吨级海港。2012 年,营口港吞吐量冲破 3 亿吨,一跃成为全国排名第 8 位的沿海港口,位居世界港口第 12 位。2013 年,营口港的集装箱吞吐量突破 500 万 TEU,一跃成为中国沿海发展最为快速的港口之一。2016 年前 5 个月,营口港完成集装箱吞吐量 253.72 万 TEU,同比增长 1.69%,见图 9-10。

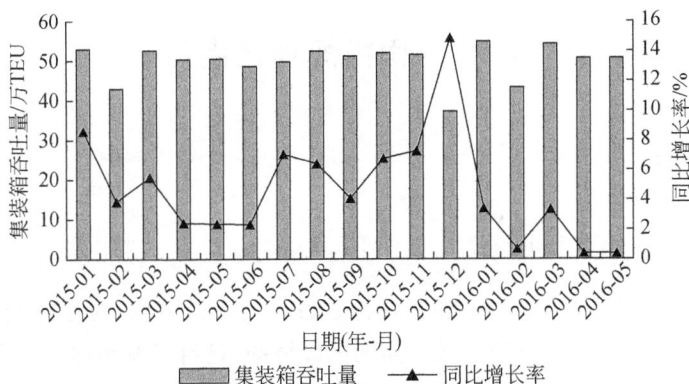

图 9-10　营口港集装箱吞吐量及同比增长率

数据来源:CEIC 数据库

2. 集装箱运输发展前景分析及预测

2014 年,营口港集团全年完成集装箱吞吐量 559.97 万 TEU,实现了 5.89% 的年增长率。2015 年,营口港集团全年完成集装箱吞吐量 592.035 万 TEU,实现了 5.73% 的年增长率。虽然其年增长率略有下降,但是总体而言仍保持了较高的增长率。

2016 年,营口港开始实行"互联港+"与"TEU"两大战略,借助与互联网、金融、人才以及产业的相互融合,进而完成港口自"重资产管理"向"轻资产运营"的转变,完成营口港自终点港向中转港的转变。营口港率先组建了区域性第三方公共物流大数据平台,同阿里巴巴集团联合成立的营口港(融)大数据公司已经正式运营,集港口服务、金融服务以及物流服务于一体,同时包含 VIP 客户的定制与信用的评价体系,对接海运、陆运、空运、金融、保险以及贸易等各种类型的平台,给予专业的全程供应链设计与集成服务,改变了传统船找货以及货找船的营运方式,构建起了客户和船主能够面对面沟通的平台。

2016 年,新西伯利亚至营口港"TREST"精品班列正式运营。"TREST"的精品班列是营口港推出的一个高端服务品牌,全程 6500km,单次列车可满载 45 个 40 英尺(1 英尺=0.3048m)集装箱的木制品,将以营口港为分拨中心。截至 2016 年底,此班列每周一班,从周六 14:00 开始发车,全程运行 10 天,同其他班列相比缩减了 2 天多的运输时间。

"十三五"期间,营口港将依托港口资源优势、保税区政策优势和跨欧亚经济带方面的国际性经营优势加快发展。

综合考虑各方面因素建立综合集成预测模型,预计 2018 年营口港可完成集装箱吞吐量 650 万~660 万 TEU,同比增长 3.6%~5.2%。

9.4　东南沿海地区港口

9.4.1　厦门港

1. 集装箱吞吐量变化趋势

厦门港坐落于上海和广州之间,在福建省金门湾区域内,位于台湾海峡西岸,扼九龙江入海口,连接珠三角与长三角两大经济圈,是自宁波到深圳几千公里海岸线上最重要的深水港之一,是中国东南沿海地区的区域性枢纽港口和对台湾航运主要口岸,具备港阔、水深、不冻、少淤以及避风条件好等多项突出的优点。

厦门港集装箱吞吐量及同比增长率见图 9-11,2015 年,厦门港全港实现集装箱吞吐量 918.28 万 TEU,同比增长 7.34%,在我国 2015 年十大集装箱港口中排名第 8 位,同时厦门港集装箱吞吐量在全球排名中上升 1 位,位列全球第 16 位。2016 年前 5 个月,厦门港完成集装箱吞吐量 363.3 万 TEU,同比增长 2.09%。

2. 集装箱运输发展前景分析及预测

近几年,厦门港加速推进港口项目建设。2016 年厦门港口管理局年度工作会议报告显示,截至 2015 年底,全港建成生产性泊位共 159 个,最大靠泊能力 20 万

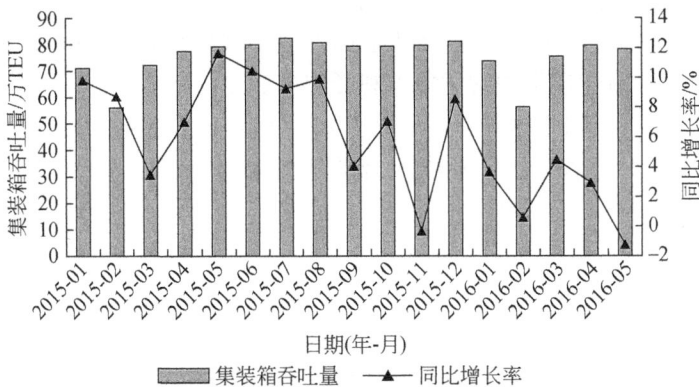

图 9-11 厦门港集装箱吞吐量及同比增长率
数据来源：WIND 数据库

吨,码头货物的综合通过能力可以达到 1.66 亿吨,集装箱的通过能力为 1033 万
TEU;已经开通的集装箱班轮航线共有 142 条,包括远洋航线 34 条、近洋航线 40
条、港台航线 10 条、内支线 15 条、内贸线 43 条;周航班 202 班。安排进出的船舶
共有 34124 艘次,引航各类船舶共有 11350 艘次,其中 15 万吨级以上的船舶有
1140 艘次,“中海太平洋”“地中海奥斯卡”等大型的集装箱船和“海洋量子号”等大
型的邮轮都顺利靠泊厦门港,“海上丝绸之路”航线总数已达 41 条。

2016 年,厦门港关于主航道扩建的第四期工程开始正式动工,2017 年 9 月交
工核验并交付使用,该项目全长约 34.8km,建设的规模为 20 万吨级的航道。该项
工程完成之后,全程的航道都将能够达到营运吃水 15.5m 的 20 万吨级的集装箱
船和 15 万吨级的集装箱船组合全潮双向通航的要求,以及营运吃水 15.5m 的 20
万吨级的集装箱船和 20 万吨级的散货船组合双向通航的要求。此举有助于提升
厦门港大型船舶的通行能力,并促进厦门港建设成为国际航运中心。

厦门港口管理局发布的 2016 年集装箱吞吐量目标为:确保增长 6%,力争增
长 8%(达到 991.74 万 TEU)。巩固集装箱干线港地位,扩大与“一带一路”相关
港口合作,扩大厦蓉欧班列的影响,使其成为厦门港集装箱业务发展新的增长
点。充分发挥自由贸易试验区与航运区位优势,建设成为内贸大中转与两岸航
运物流大通道。2018 年将实现货物吞吐量 3 亿吨,集装箱吞吐量 1200 万 TEU,挤
入世界集装箱大港第二梯队(第一梯队指 2000 万 TEU 以上的世界大港)。建设高
效快捷的物流网络与服务优质、功能齐全的航运服务体系,形成“双港双区一中心”
的发展格局,初步建设成对区域经济带动力强的东南国际航运中心(陈晖,2011;刘
鸣华,2011)。

最近几年,厦门港进港船舶逐渐向大型化方向发展。2015 年 1 月,全球最大、

最先进的集装箱货轮"中海太平洋"号靠泊在厦门港集装箱码头 2 号泊位,更新了厦门港的接待纪录。大型化建设有利于推进厦门港发展成为国际集装箱运输枢纽,提升其在国际航运市场中的竞争力和影响力。

综合考虑各方面因素建立综合集成预测模型,预计 2018 年厦门港可完成集装箱吞吐量 1055 万~1065 万 TEU,同比增长 1.6%~2.6%。

9.4.2 高雄港

1. 集装箱吞吐量变化趋势

高雄港坐落于台湾省西南海岸,同福建省隔海相望,占据台湾海峡与巴士海峡交汇的重要地带。高雄港的地理区位与自然条件,使其成为台湾西南部重要的货物集散中心,也是台湾首要的海运枢纽与货运进出口门户,港口货物吞吐量约占据台湾整体港口货物吞吐量的 1/2。

高雄港集装箱吞吐量及同比增长率见图 9-12。2015 年,高雄港全港完成集装箱吞吐量 1026.4 万 TEU,同比下降 3.1%。2016 年前 5 个月,高雄港完成集装箱吞吐量 420.96 万 TEU,同比下降 1.39%。

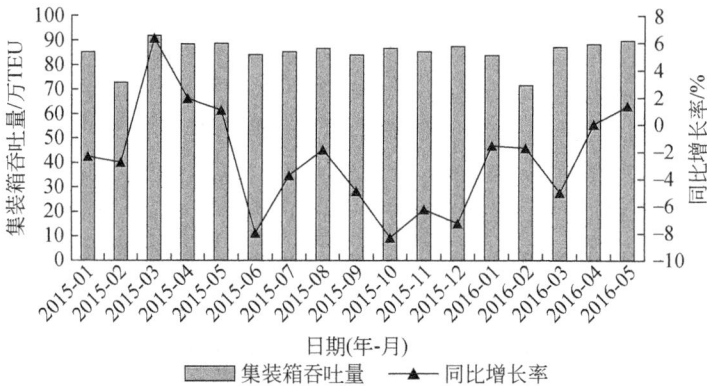

图 9-12 高雄港集装箱吞吐量及同比增长率

数据来源:CEIC 数据库

2. 集装箱运输发展前景分析及预测

高雄港港区面积达 17678hm^2,水域面积达 16236hm^2,占全港面积的 91.8%,拥有两个入海的通道,进出港航道长达 18km,港区海域建有两套防波堤。2016 年,高雄港航道与港域水深为 11.3~16.0m,能够满足 15 万吨级海轮进出港与停泊。港区水域设有锚地共 2 处,拥有的浮筒泊位共 24 组,能够停泊万吨级以上的船共 24 艘,拥有超级油轮浮筒共 2 座,便于 15 万吨级与 25 万吨级的巨型油轮停泊。2016 年,高雄港拥有营运码头 116 座,包括杂货码头 30 座、货柜码头 24 座、散装码头 32 座、粮食码头 2 座,还有客轮、军舰、港务、工作等码头共 28 座。另有仓库 96 座,容量 57.6 万吨。货柜场 5 处,供货柜转运。港区 2016 年拥有货柜装卸桥以及装卸搬运机械约 170 架。港区未来将建置污水下水道系统。

2015 年 12 月,高雄港启动"高雄港联外高架道路计划",主要将中山高速公路末端衔接处的渔港路约 1.13km 以及联络商港区各货柜中心间的主要干道新生路约 3.4km 予以高架立体化,该计划分为 A、B 区段推动,A 区段包括"中山高速公路延伸路廊(渔港路高架)"及"新生高架道路北段",B 区段则为"新生高架道路南段",其中 A 区段为本次通车路段,通车后可大幅改善渔港路及新生路客货车混流的交通问题,且有利于提升高雄港第一、第二货柜中心运转效率。此计划有利于健全高雄港联络道路、提高货物运输效率,也可改善周边市区道路交通安全、促进港区市区协调发展,增进高雄港的竞争力。

近年来,高雄港极其重视港区环保工作,提出建立"生产、生活、生态"永续发展的绿色港口。2014 年 10 月 14 日,高雄港顺利获得 EcoPorts 生态港认证,成为亚太地区首个生态港,获得此认证有助于提升高雄港的国际形象和知名度。2015 年 7 月起,正式启动"高雄港船舶进出港减速信息揭露执行方案",通过倡导进出港船舶于距港口 20 海里内,将船舶航行平均船速降至 12 节以下,以减少空气污染物的排放,将船舶排烟对高雄市区的影响降至最低,让高雄港朝向优质永续生态港前进。

综合考虑各方面因素建立综合集成预测模型,预计 2018 年高雄港将完成集装箱吞吐量 1040 万～1050 万 TEU,同比增长 1.6%～2.9%。

参 考 文 献

安呈瑶. 2014. 上海港口的发展应控制总量,优化布局[J]. 交通与港航,(5):13-15.

蔡佩林. 2011. 珠海港快速发展改变珠三角港口群发展格局[J]. 中国港口,(12):20,21.

陈晖. 2011. 香港港口发展对厦门港口建设的启示[J]. 现代经济信息,(4):250,251.

陈佳. 2014. 上海港发展的优劣势分析[J]. 城市地理,(20):272.

东朝晖,刘晓雷. 2015. 搭建自贸区平台,促进现代航运服务业发展[J]. 中国港口,(3):22-24.

杜麒栋. 2014. 建设国际航运中心背景下上海港的定位问题[J]. 交通与港航,1(2):55-57.

沪生. 2013. 上海建设自贸区的航运看点[J]. 中国远洋航务,(10):24,25.

刘鸣华. 2011. 厦门港集装箱运输发展对策研究[J]. 南通航运职业技术学院学报,9(4):74-77.

陆悦铭. 2011. 集装箱船的发展历史和对引航业的挑战[J]. 航海,(6):52-54.

彭传圣. 2010. 釜山港集装箱运输分析[J]. 集装箱化,21(6):15-18.

沈文敏. 2013. 借上海自贸区之风发展港口[J]. 综合运输,(12):90.

童孟达,姚祖洪,蔡志德. 2014. 深入推进宁波-舟山港口一体化的建议[J]. 中国港口,(8):7-10.

王凤山,丛海彬,冀春贤 . 2015. 宁波-舟山港对接"一带一路"的探析[J]. 经济论坛,(1):57-62.

吴明华 . 2013. 自贸区成航运业转型发展新引擎[J]. 航海,(6):6,7.

尧乐 . 2010. 釜山港——东北亚的枢纽港[J]. 海运情报,(1):29.

张明香 . 2015. 紧抓机遇,加快上海港航转型发展[J]. 中国港口,(1):33-36.

郑燕,张吉国,王同敏 . 2014. 山东省构建中日韩自贸区先导区研究[J]. 对外经贸,(2):35-37.

周文炜 . 2011. 珠三角港口群发展现状与对策研究[J]. 珠江水运,(12):76-79.

第 10 章 港口处理能力的测算

10.1 港口处理能力的概念

港口处理能力,即港口通过能力,代表着港口的生产力,是在一定外部状况下,港口各项生产要素与经营管理诸多条件综合作用的结果。

计算通过能力,是港口制定发展战略与经营战略的重要依据。计算通过能力的过程,也是对港口生产过程进行全面分析的过程,找出港口生产过程中的薄弱环节及形成薄弱环节的原因,从而采取消除薄弱环节措施的过程;也是分析生产过程中的浪费,寻找降低港口生产成本的过程。对港口通过能力估算过高,会导致港口规模偏小,能力不足,不能满足市场的需求,不仅降低港口企业的经济效益,而且会造成船舶排队待泊时间过长,削弱港口的竞争力。港口通过能力计算偏低,会导致港口规模过大,利用率过低,不仅浪费了投资,使港口企业的经济效益低下,还浪费了深水岸线资源。

10.2 港口处理能力的设计

港口通过能力有如下三种表现形式:最大通过能力、营运通过能力和设计通过能力。最大通过能力是设备最大限度被利用时的能力,但这并不是港口可以用来满足市场需求的能力(杜麒栋和林文君,2010;Xiao et al. ,2015)。港口是随机服务系统,在随机服务系统中,顾客的到来和顾客对服务内容或者服务时间的需求是随机的,但是服务设施的规模是稳定的。因此,顾客在服务系统中等待服务的时间应与设施利用率成正比,即设施利用率越高,顾客等待服务时间越长。因此,要保证港口的畅通,港口设施的利用率就不能过高,更何况港口的通过能力还应考虑吸引资源集聚的需要。而在市场竞争中,排队的时间过长会造成顾客流失,所以港口的通过能力必须留有余地。但是,如果港口设施的利用率过低,投资与成本过高,港方就难以赢利。因此,必须在权衡利弊后确定设备的最佳利用率。营运通过能力就是设备最佳利用率时的通过能力,即最大通过能力与最佳利用率的乘积(Tian et al. ,2011)。

设计通过能力是根据设计配备设施数量与性能,以及生产组织水平条件下的营运通过能力。计算港口通过能力,应先计算出港口的最大通过能力。港口的生产过程是一个由泊位装卸、库场堆存、集疏运系统等环节组成的连续生产线,这些环节的能力必须协调。因此,在计算过程中,首先应分别计算各主要环节的最大能力,包括泊位装卸能力、库场堆存能力、集疏运能力等(Xiao et al.,2014;Xie et al.,2014)。然后,综合平衡各个环节,以薄弱环节的能力作为港口的通过能力。但由于泊位是投资最多、建设时间最长的环节,因此在核定港口通过能力时,通常以泊位能力为平衡标准(Xiao et al.,2012;Xie et al.,2013),即其他环节能力均应使泊位能力得到充分发挥。也就是说,以泊位的最大能力为港口的最大通过能力。当然,在一般状况下,泊位最大能力应该是船舶装卸环节的能力。但是,有时因为装卸过程中的进出库场能力不能保证船舶装卸能力的发挥,而不得不以进出库场能力作为泊位装卸能力。接着,根据港口经营的目标,权衡不同利用率时的得失求出最佳利用率。最后,得出港口营运通过能力。

10.3　港口处理能力的测算方法

港口集装箱码头处理能力测算内容包含港口的额定通过能力以及当前通过能力两部分。

(1) 集装箱码头额定通过能力的测算应依据如下规定。

① 当集装箱泊位堆场容量大于或等于表 10-1 中所给定的基准值,或者集装箱泊位堆场容量小于表 10-1 中所给定的基准值但港区内堆场存在充足的发展余地时,集装箱码头的额定通过能力依据式(10-1)进行计算:

$$P_{tr} = k_1 k_2 k_3 \sum_{i=1}^{n} \frac{P_{hwi} L_{wi}}{100}, \quad n = 1,2,3,\cdots \tag{10-1}$$

式中,P_{tr} 为集装箱码头额定通过能力,10^4 TEU;k_1 为自然条件的影响系数,当码头的年营运天数 $T_y \geqslant 340$ d 时,$k_1 = 1$,当 $T_y < 340$ d 时,$k_1 = T_y/340$;k_2 为码头泊位平面布置影响系数,依据表 10-2 取值;k_3 为港口规模的影响系数,当码头靠泊吨级低于 3×10^4 t 时,k_3 取 1,当码头靠泊吨级大于或者等于 3×10^4 t 时,k_3 依据表 10-3 取值;P_{hwi} 为第 i 段码头百米通过能力的基准值;L_{wi} 为第 i 段码头通过能力的测算长度;n 为码头通过能力测算分段数量。

表 10-1　港口集装箱码头通过能力测算基准值

项目		码头规模类别					
		一	二	三	四	五	六
码头规模参数基准值	码头靠泊吨级/10^4t	1	2	3	5	7	10
	码头前沿水深 D/m	9.0	11.6	13.2	14.3	15.4	16.0
	泊位长度 L_b/m	167	210	284	334	340	387
	泊位堆场容量 E_y/TEU	4000	6500	9500	12000	13500	16500
	集装箱装卸桥配备台数 N_c/台	2.0	2.5	3.5	4.0	4.0	4.5

项目		码头规模类别					
		一	二	三	四	五	六
码头规模参数基准值	百米码头通过能力$P_{hw}/10^4$TEU	10	13	15	17	19	20
	单桥装卸箱数$P_c/10^4$TEU	8.5	10.9	12.2	14.3	16.3	17.5

表 10-2 码头泊位平面布置影响系数

连续布置的泊位数	1	2	≥3
码头泊位平面布置的影响系数k_2	0.90	0.95	1.00

表 10-3 港口规模影响系数

港口集装箱吞吐量 $Q/10^4$TEU	$Q<100$	$100≤Q<500$	$500≤Q<1000$	$Q≥1000$
港口规模影响系数k_3	0.85	0.90	0.95	1.00

注:内贸集装箱的比例大于 50% 的集装箱码头,k_3 将再乘以 0.90 的折减系数。

② 当集装箱泊位堆场容量低于基准值并且港区内堆场不存在发展余地时,集装箱码头的额定通过能力可以依据式(10-2)进行计量:

$$P_{tr} = \frac{E_y T_{yk}}{t_{dc} K_{BK}} \qquad (10-2)$$

式中,P_{tr} 为集装箱码头额定通过能力;E_y 为集装箱堆场容量;T_{yk} 为集装箱堆场的年作业天数,依据集装箱堆场实际的作业天数进行计量;K_{BK} 为堆场集装箱不平衡系数,取 1.1~1.3;t_{dc} 依据表 10-4 取值。

表 10-4 集装箱堆场平均堆存期

项目	集装箱类别					
	进口箱	出口箱	中转箱	空箱	冷藏箱	危险品箱
堆存期t_{dc}/d	7~10	3~5	7	10	2~4	1~3
运量比例/%	—	—	—	10~30	1~5	1~6

(2)集装箱码头当前通过能力的测算应依据如下规定。

① 当集装箱泊位堆场容量以及装卸桥台数大于或等于基准值时,集装箱码头的当下通过能力为额定通过能力。

② 当集装箱泊位堆场容量低于基准值并且装卸桥台数大于基准值时,集装箱码头的当下通过能力可以依据式(10-2)进行计量。

③ 当集装箱装卸桥的台数低于基准值并且堆场容量大于或等于基准值时,集装箱码头的当下通过能力可以依据式(10-3)进行计量:

$$P_{tn} = k_1 k_2 k_3 \sum_{i=1}^{n} N_{ni} P_{ci}, \quad n = 1, 2, 3, \cdots \tag{10-3}$$

式中，P_{tn} 为集装箱码头当前通过能力；N_{ni} 为第 i 段集装箱码头目前的装卸桥数量；P_{ci} 为第 i 段单桥装卸箱量的基准值；其他参数意义同前。

④ 当集装箱泊位堆场容量与装卸桥台数均低于基准值时，集装箱码头的当下通过能力可分别通过式(10-2)和式(10-3)计算并取最小值。

参 考 文 献

杜麒栋,孟文君. 2010. 港口产能过剩之探讨及解决之道[J]. 中国港口,(1):13-15.

Tian X, Liu L M, Cheng S W, et al. 2011. Empirical analysis on threats to Hong Kong port in regional competitive environment[J]. International Journal of Revenue Management, 5(2,3): 205-220.

Xiao J, Xiao Y, Fu J, et al. 2014. A transfer forecasting model for container throughput guided by discrete PSO[J]. Journal of Systems Science and Complexity, 27(1):181-192.

Xiao Y, Liu J J, Xiao J, et al. 2015. Application of multiscale analysis-based intelligent ensemble modeling on airport traffic forecast[J]. Transportation Letters, 7(2):73-79.

Xiao Y, Xiao J, Wang S Y. 2012. A hybrid forecasting model for non-stationary time series: An application to container throughput prediction[J]. International Journal of Knowledge and Systems Science, 3(2):67-82.

Xie G, Wang S Y, Lai K K. 2014. Short-term forecasting of air passenger by using hybrid seasonal decomposition and least squares support vector regression approaches[J]. Journal of Air Transport Management, 37(2):20-26.

Xie G, Wang S Y, Zhao Y, et al. 2013. Hybrid approaches based on LSSVR model for container throughput forecasting: A comparative study[J]. Applied Soft Computing, 13(5):2232-2241.

第 11 章　中国港口处理能力测算结果

本章根据第 10 章对我国主要集装箱港口的分析,基于计量经济模型的理论框架与实证研究基础,测算了 2016 年我国主要港口集装箱处理能力,具体见表 11-1。

表 11-1　2016 年我国主要港口集装箱处理能力测算结果

港口	集装箱处理能力/万 TEU
上海港	4841
青岛港	3727
宁波-舟山港	3667
深圳港	3491
广州港	3411
天津港	2562
厦门港	2178
香港港	2104
大连港	1989
高雄港	1268

由表 11-1 中数据可知,集装箱处理能力最高的是上海港,其集装箱处理能力为 4841 万 TEU;集装箱处理能力第二高的港口是青岛港,其集装箱处理能力是 3727 万 TEU;集装箱处理能力第三高的是宁波-舟山港,其集装箱处理能力是 3667 万 TEU;集装箱处理能力最低的是高雄港,其集装箱处理能力仅有 1268 万 TEU;集装箱处理能力位于倒数第二的是大连港,其处理能力为 1989 万 TEU;而香港港的集装箱处理能力比大连港略高一点,为 2104 万 TEU。由此可以看出,我国主要港口的集装箱处理能力存在较大差别,下面针对各港口的状况进行单独说明。

11.1　中国集装箱港口概况

中国主要集装箱港的设施和设备调查结果见表 11-2 和表 11-3,包括泊位长度、码头起重机的数量、单位泊位配置起重机的数量、单位泊位配置堆场起重机的数量和牵引车的数量。此外,吞吐量的条件也一起总结在表 11-2 和表 11-3 中。

如表 11-2 和表 11-3 所示,对于每个泊位的处理能力,可以进行初步分析观察:中国港口每个泊位的最低吞吐量为 38.6 万 TEU,但是,每个泊位的最大吞吐量为 101 万 TEU,平均为 70 万 TEU。

中国港口具有良好性能和高处理能力的原因可归纳如下:

(1) 港口装载母船货物的能力较强;

(2) 港口码头起重机的数量充足;

(3) 场地面积普遍较大,洋山港码头区域面积为 164.2 万 m²,外高桥港码头区域面积为 34.25 万 m²;

(4) 每个泊位的起重机数量较多,港口每个泊位装备有 12 台起重机;

(5) 港口的平均处理时间短,因此效率较高。

表 11-2　中国主要集装箱港口处理性能分析(一)

变量	上海港		香港港	深圳港
	外高桥	洋山		
吞吐量/万 TEU	1560	750	2425	2141
泊位数量/个(泊位长度/m)	16(4815)	16(4450/5650)	24(7804)	32(12059)
堆场面积/万 m²	548	2628	278.8	515.2
单位泊位处理吞吐量/万 TEU	97.5	57.7	101	66.9
母船吞吐量/TEU	—	—	1802	2122
单位泊位堆场面积/万 m²	34.25	164.2	11.62	16.1
岸边起重机数量/台	64	65	99	144
单位岸边起重机处理吞吐量/万 TEU	24.4	11.5	24.5	14.9
单位泊位配置岸边起重机数量/台	4	4	4	5
单位泊位配置堆场起重机数量/台	13.5(216)	12.5(200)	12.8(307)	12.6(402)
单位岸边起重机配置码头牵引车数量/台	3.4	3.1	3.1	2.8
单位泊位配置码头牵引车数量/台	22.8(364)	25.3(405)	27.5(659)	26.8(856)
滞留时间/d	出:3 进:7	出:2 进:7	出:5~6 进:7	出:7 进:10
堆场外铁路运输	不适用	不适用	小	适用

表 11-3　中国主要集装箱港口处理能力分析(二)

变量	宁波港	青岛港	天津港
吞吐量/万 TWU	1123	1032	850
泊位数量/个(泊位长度/m)	20(6808)	16(4900)	22(6983)
堆场面积/万 m²	400	225	367.5

变量	宁波港	青岛港	天津港
单位泊位处理吞吐量/万 TEU	56.15	64.5	38.6
母船吞吐量/TEU	N. A.	1745	N. A.
单位泊位堆场面积/万 m²	20	15	16.7
岸边起重机数量/台	74	49	62
单位岸边起重机处理吞吐量/万 TEU	15.2	21.1	13.7
单位泊位配置岸边起重机数量/台	4	3	3
单位泊位配置堆场起重机数量/台	9.0(179)	10.1(162)	2.6(58)
单位岸边起重机配置码头牵引车数量/台	2.4	3.3	0.9
单位泊位配置码头牵引车数量/台	16.1(322)	—	—
滞留时间/d	出:2 进:7	出:2.18 进:1.8	出:3 进:7
堆场外铁路运输	适用	大	大

11.2　长三角地区港口

11.2.1　上海港

1. 设施和设备

以 2015 年为标准,上海港共有 35 个集装箱泊位,以及 200 条国际海运线路, 是全球第一大集装箱港口,见表 11-4。

表 11-4　上海港集装箱码头设施和设备

码头	泊位数	泊位长度/m	水深/m	占地/万 m²	岸边起重机数量/台	管理公司
宝山	3	640	10.5	21.8	5	SCT
浦东	3	900	12.0	50	10	SPICT
外高桥	16	4 815	13.2	548	64	SPC
洋山	13	4 450	16.0	2628	65	SSICT
总计	35	10805	10.5～16.0	3247.8	144	—

注:SCT-深圳集装箱码头;SPICT-上海浦东国际集装箱码头有限公司;SPC-中国港口对苏丹港务局; SSICT-上海盛东国际集装箱码头有限公司。

2. 处理性能

通过年份的区分,可以清楚地发现集装箱处理量的增加。以 2015 年的数据为标准,由表 11-4 和表 11-5 可知,泊位数为 35 个,处理能力为 4308 万 TEU,泊位长度为 10805m,码头面积为 3247.8 万 m²。可见上海港具有很高的生产效率。

表 11-5　上海港集装箱码头处理能力

年份	2012	2013	2014	2015	2016	2017	2018
年吞吐量/万 TEU	3501	3685	3921	4308	4841	5443	5974

注:来源于港口公司报告。

11.2.2　宁波-舟山港

1. 设施和设备

在北仑地区,宁波北仑国际集装箱码头有限公司(NBCT)和北仑第二集装箱有限公司(北仑三期码头,NBSCT)共有 7 个 2010 年建成的泊位。2010~2012 年,在川山和大榭岛地区共建造了 3 个集装箱码头和 13 个泊位。在 2015 年的基础上,宁波-舟山港配备了 20 个泊位,总泊位长达 6808m,如表 11-6 所示。

表 11-6　宁波-舟山港集装箱码头设施和设备

码头	泊位数	泊位长度/m	水深/m	占地/万 m²	岸边起重机数量/台	管理公司
北仑	7	2158	13.5~15	140	26	NBCT、NBSCT
川山	9	3150	17.0	180	34	CSCT、YDCT
大榭岛	4	1500	17.0	80	14	CMICT
总计	20	6808	13.5~17	400	74	—

注:CSCT-宁波港码头经营有限公司;YDCT-宁波远东经营有限公司;CMICT-宁波大榭招商国际码头有限公司。

2. 处理性能

按年份区分,宁波-舟山港集装箱的处理量大大增加。由表 11-7 可知,以 2015 年的数据为标准,泊位数为 20 个,宁波-舟山港集装箱处理能力为 3264 万 TEU,每个泊位集装箱处理能力约为 163 万 TEU。从吞吐量的分析结果来看,宁波-舟山港的吞吐量受到上海港的一定影响。

表 11-7　宁波-舟山港集装箱码头处理能力

年份	2012	2013	2014	2015	2016	2017	2018
年吞吐量/万 TEU	2652	2792	2970	3264	3667	3967	4312

注:来源于港口公司报告。

11.3　珠三角地区港口

11.3.1　香港港

1. 设施和设备

如表 11-8 所示,截至 2015 年,香港港装备了 24 个泊位,码头面积为 278.8 万 m^2。香港港拥有高度的处理能力,是世界排名第五的港口,实现了交通系统改善和 IT 物流的费用下降。

表 11-8　香港港集装箱码头的设施和设备

码头	泊位数	泊位长度/m	水深/m	占地/万 m^2	岸边起重机数量/台	管理公司
现代货箱码头 1 号/2 号/5 号/9 号码头(南)	7	2432	15.5	92.6	30	MTL
3 号码头	1	305	14	16.7	4	DPI
8 号码头(东)	2	640	14.5	30	8	COSCO、HIT
8 号码头(西)	2	740	15.5	28.5	8	ACT
现化货箱码头 4 号/6 号/7 号/9 号码头(北)	12	3687	14.2~15.5	111	49	HIT
总计	24	7804	14~15.5	278.8	99	—

注:MTL-现代货箱码头有限公司;DPI-迪拜环球港务;COSCO-中国远洋运输(集团)有限公司;ACT-亚洲货柜码头;HIT-香港国际货柜码头。

2. 处理性能

通过年份的区分,可以清楚地发现集装箱处理量的增加。如表 11-9 所示,以 2015 年的数据为标准,泊位数为 24 个,处理能力为 1873 万 TEU,泊位长度为 7804m,码头面积为 278.8 万 m^2,可见香港港具有较高的生产效率。

表 11-9　香港港集装箱码头处理能力

年份	2012	2013	2014	2015	2016	2017	2018
年吞吐量/万 TEU	1522	1602	1704	1873	2104	2305	2523

注:来源于港口公司报告。

11.3.2　深圳港

1. 设施和设备

2015 年,SCT 在第二期配备了 2 个泊位,将在第三期装备 5 个泊位;盐田国际集装箱码头(YICT)在第一至第三期已投资 9 个泊位,在第四期进行了 1828m 的项目;赤湾集装箱码头已经制定了在第三期装备 3 个泊位的计划。赤湾集装箱码头有限公司(CCT)装备了 4 台上海振华重工(集团)股份有限公司(ZPMC)超级后巴拿马型起重机。

　　2. 处理性能

　　2015 年,深圳港增加了 11 个泊位。如表 11-10 和表 11-11 所示,2015 年,泊位数为 32 个,处理能力为 3107 万 TEU,泊位长度为 12059m,码头面积为 515.2 万 m²,可以看出生产量和设施数量的增加趋势。

表 11-10　深圳港集装箱码头的设施和设备

码头	泊位数	泊位长度/m	水深/m	占地/万 m²	岸边起重机数量/台	管理公司
赤湾	9	3417	14.5~16	124.6	37	CCT
蛇口	8	2550	14~18	138.6	33	SCT
盐田	15	6092	16	252	74	YICT
总计	32	12059	14~18	515.2	144	—

注:SCT-蛇口集装箱码头有限公司。

表 11-11　深圳港集装箱码头处理能力

年份	2012	2013	2014	2015	2016	2017	2018
年吞吐量/万 TEU	2525	2658	2827	3107	3491	3692	3965

注:来源于港口公司报告。

11.3.3　广州港

　　1. 设施和设备

　　在 2015 年的基础上,广州港已设有 19 个泊位,面积为 465 万 m²,泊位长度为 5219m,如表 11-12 所示。

表 11-12　广州港集装箱码头设施和设备

码头	泊位数	泊位长度/m	水深/m	占地/万 m²	岸边起重机数量/台	管理公司
南山	7	1820	9~14.5	182	20	NSC
南沙-2	6	2100	14.5	217	21	GSCOCT
新港	3	659	12.5	27	11	GCT
新沙	3	640	2.5	39	6	GCT
总计	19	5219	9~14.5	465	58	—

注:NSC-南山集装箱码头;GSCOCT-广州南沙海港集装箱码头有限公司;GCT-广州集装箱码头有限公司。

2. 处理性能

截至 2015 年,广州港投资了 19 个泊位,处理能力为 3036 万 TEU,每个泊位的吞吐量约为 160 万 TEU,处理能力数据来源于表 11-13。

表 11-13　广州港集装箱码头处理能力

年份	2012	2013	2014	2015	2016	2017	2018
年吞吐量/万 TEU	2467	2597	2763	3036	3411	3732	4091

注:来源于港口公司报告。

11.4　环渤海地区港口

11.4.1　青岛港

1. 设施和设备

青岛港由前湾港集装箱码头(QQCT)和青岛港集装箱码头(QPC)组成。在 2015 年的基础上,青岛港装备了 16 个泊位,面积为 225 万 m²,集装箱堆场最大宽度为 1500m,泊位长度为 4900m,如表 11-14 所示。

表 11-14　青岛港集装箱码头设施和设备

码头	泊位数	泊位长度/m	水深/m	占地/万 m²	岸边起重机数量/台	管理公司
前湾港	11	3400	14.5~17.5	146.4	35	QQCT
青岛港	5	1500	10.5~17.5	78.6	14	QPC
总计	16	4900	10.5~17.5	225	49	—

2. 处理性能

在 2015 年的基础上,青岛港配备了 6 个泊位,吞吐量为 3317 万 TEU,数据来源于表 11-15。其处理能力高的原因是操作系统灵活,QQCT 能同时操作 11 个终端。

对于青岛港,进入港口的船舶平均级别为 1500~1600TEU,也有级别为 10000TEU 的船。对于长度为 200m 的船舶,每艘船分配 5~6 台起重机,对于长度为 300m 的船舶,每艘船分配 6~7 台起重机。为提高港口生产力,青岛港务局配备了额外的起重机,为 11 个泊位投资了 3000 人力。

表 11-15　青岛港集装箱码头处理能力

年份	2012	2013	2014	2015	2016	2017	2018
年吞吐量/万 TEU	2696	2837	3018	3317	3727	3985	4237

注:来源于港口公司报告。

　　每条船每小时的集装箱装卸量为 120TEU;每台起重机每小时搬运的集装箱量为 39TEU。青岛港保持高生产率的因素包括港口工人培训、信息技术系统的应用和激励措施。为提高港口效率,青岛港务局又投入了 15 套码头外集装箱堆场(ODCY),利用 ODCY 的优势,船舶的等待时间大幅减少。因此,进口时间为 2.8 天,出口时间为 1.8 天。

11.4.2　天津港

1. 设施和设备

　　天津港由天津集装箱码头(TCT)、天津东方集装箱码头(TOCT)、五大洲国际集装箱码头(FICT)、天津港联盟国际集装箱码头(TACT)和天津国际集装箱码头(TPCT)组成。在 2015 年的基础上,天津港设置了 22 个泊位,面积为 367.5 万 m²,泊位长度为 6983m,如表 11-16 所示。

表 11-16　天津港集装箱码头设施和设备

码头	泊位数	泊位长度/m	水深/m	占地/万 m²	岸边起重机数量/台	管理公司
TCT	4	1222	15.6	24.5	8	TCT
TOCT	4	1150	15.5	24	8	TOCT
FICT	4	1200	15.0	35	12	FICT
TACT	4	1100	15.5	54	11	TACT
TPCT	6	2311	16.0	230	23	TPCT
总计	22	6983	15.0~16.0	367.5	62	—

2. 处理性能

　　2015 年,天津港处理能力为 2280 万 TEU(数据源于表 11-17),每个泊位 6000 TEU 级码头起重机的数量为 5~6 台,每个泊位 13000 TEU 级码头起重机的数量为 11 台。近年来,天津港通过改进设备、加强管理取得了一系列进步:在码头起重机上装备了串联起重机,从而提升泊位的生产效率;并且,由于天津港的场地面积狭窄,更加提高了其操作性能。此外,通过应用堆场办公室,进出口速度加快,因此生产效率非常高。

表 11-17 天津港集装箱码头处理能力

年份	2012	2013	2014	2015	2016	2017	2018
年吞吐量/万 TEU	1853	1950	2075	2280	2562	2784	3036

注:来源于港口公司报告。

11.4.3 大连港

1. 设施和设备

大连港联合新加坡港务集团合资成立的大连集装箱码头有限公司(DCT)引入了目前国际上先进的 CITOS-1,一个码头操作系统,使集装箱年处理能力达到 230万 TEU。DCT 大连港湾集装箱码头有限公司(DPCM)以及大连国际集装箱码头有限公司(DICT)现有泊位 18 个,码头水深 9.8~16.0m,如表 11-18 所示,每年通过能力可达 505 万 TEU,其中 10 万吨级泊位有 6 个,DCT、DPCM 与 DICT 均可靠泊 10000TEU 船舶。

表 11-18 大连港集装箱码头设施和设备

码头	泊位数	泊位长度/m	水深/m	占地/万 m²	岸边起重机数量/台	管理公司
DCT	2	700	9.8	24.5	6	DCT
DPCM	3	2100	15.5	35	12	DPCM
DDCT. CS	2	4200	16	24	4	DDCT. CS
DICT	11	46200	16.5	254	34	DICT
总计	18	53550	9.8~16.0	337.5	56	—

注:DDCT.CS-大连大港中海集装箱码头有限公司。

2. 处理性能

根据历年数据来看,大连港集装箱吞吐量一直处于上升状态,2015 年的处理能力为 1770 万 TEU,每年的增幅都在稳步升高,如表 11-19 所示。

表 11-19 大连港集装箱码头处理能力

年份	2012	2013	2014	2015	2016	2017	2018
年吞吐量/万 TEU	1439	1514	1611	1770	1989	2112	2291

注:来源于港口公司报告。

11.5　东南沿海地区港口

11.5.1　高雄港

1. 设施和设备

高雄港 2016 年所占陆域面积为 1400 多公顷。全港的营运码头达 100 多座,万吨级以上的深水码头达 30 多座,码头的界线长达 22 千米多,码头的前沿水深为 10.5～16.0m,可满足近百艘万吨级以上的船舶同时靠泊进行作业,可供 15 万吨级海轮进出港和停泊,其中集装箱码头有 15 座,界线长达 4.4 千米多,码头前沿水深为 10.5～14.5m,如表 11-20 所示。全港拥有货运仓库 96 座;容量达 57.6 万吨;配有 20 多处货物堆场,容量可达 57 万多吨。集装箱堆场有 3 处,为集装箱提供堆存与转运服务。港口的码头配有装卸的搬运机器 1000 多台,其中集装箱的装卸桥以及装卸搬运的机械有 170 多台。

表 11-20　高雄港集装箱码头设施和设备

码头	泊位数	泊位长度/m	水深/m	占地/万 m²	岸边起重机数量/台	管理公司
总计	16	22050	10.5～14.5	137.5	44	TICT

注:TICT-尼日利亚庭堪国际集装箱码头。

2. 处理性能

高雄港的集装箱吞吐量与增幅都处于逐年上升趋势。2015 年集装箱处理能力为 1129 万 TEU,比 2014 年的 1027 万 TEU 增加了 102 万 TEU,同比增长 9.93%,如表 11-21 所示。

表 11-21　高雄港口集装箱码头处理能力

年份	2012	2013	2014	2015	2016	2017	2018
年吞吐量/万 TEU	917	965	1027	1129	1268	1317	1382

注:来源于港口公司报告。

11.5.2　厦门港

1. 设施和设备

厦门港是一个大、中、小泊位配套的功能多样、综合性强的现代化大港,截至

2016 年全港共有万吨级以上深水泊位 23 个(数据源于表 11-22),最大的靠泊能力为 10 万吨级,集装箱、石油以及煤炭等的相应专用码头较为齐全。2015 年,全港建成集装箱生产性泊位 19 个,其中万吨级以上泊位有 62 个(含 10 万吨级以上泊位 14 个),码头货物综合通过能力可达 1.4 亿吨,其中集装箱通过能力为 546 万 TEU。

表 11-22　厦门港集装箱码头设施和设备

码头	泊位数	泊位长度/m	水深/m	占地/万 m²	岸边起重机数量/台	管理公司
总计	23	32150	10.5～16	231	53	XICT

注:XICT-厦门国际货柜码头有限公司。

2. 处理性能

厦门港每年的集装箱吞吐量都有一定程度的增加,而且增幅也是逐年递增,2016 年增幅达到了 12.38%。根据表 11-23 中的数据,2015 年的处理能力为 1938 万 TEU。

表 11-23　厦门港集装箱码头处理能力

年份	2012	2013	2014	2015	2016	2017	2018
年吞吐量/万 TEU	1575	1658	1764	1938	2178	2379	2596

注:来源于港口公司报告。

第 12 章　中国港口产能过剩问题分析

12.1　中国港口产能过剩的概况

我国港口码头完成的货物吞吐量超过码头通过能力的现象普遍存在,有些码头的吞吐量甚至是其通过能力的 2~3 倍。如表 12-1 所示,经过统计,我国国内最先进的几大码头的吞吐量均超过了其处理能力。港口的产能过剩体现了港口的通过能力以及所能完成的货物吞吐量两者之间的关联,以港口的通过能力作为标准,港口的通过能力不但要远远超过港口的吞吐量,还需要超过在预测期间内的需求。

表 12-1　2018 年我国主要集装箱港口吞吐量与处理能力对照表

港口	吞吐量/万 TEU	港口处理能力/万 TEU	产能利用率/%	排名	产能过剩情况
香港港	2170	2523	86	1	产能不足
高雄港	1050	1382	76	2	产能轻度过剩
上海港	4480	5974	75	3	产能轻度过剩
深圳港	2610	3965	66	4	产能显著过剩
宁波-舟山港	2710	4312	63	5	产能显著过剩
广州港	2145	4091	52	6	产能严重过剩
天津港	1550	3036	51	7	产能严重过剩
青岛港	1880	4237	44	8	产能严重过剩
大连港	985	2291	43	9	产能严重过剩
厦门港	1065	2596	41	10	产能严重过剩

本节以集装箱港口为例,通过对以下各个集装箱码头的吞吐量和港口处理能力进行比较,对各港口的产能过剩问题进行分析。

根据表 12-1 中数据,按照第 2 章港口产能的判断标准,从单个港口产能比较角度分析,以上 10 个港口中,产能利用率最高的港口是香港港,高达 86%,处于产能不足状态;产能利用率第二高的港口是高雄港,为 76%,处于产能轻度过剩状态;产能利用率第三高的港口是上海港,其产能利用率比高雄港稍低,为 75%,也处于产能轻度过剩状态;产能利用率最低的港口是厦门港,只有 41%,处于产能严重过剩状态;产能利用率第二低的港口是大连港,为 43%,也处于产能严重过剩状态;产能利用率第三低的港口是青岛港,为 44%,同样处于产能严重过剩状态。

表 12-2　2018 年我国主要港口所处地区的吞吐量与处理能力对照表

港区		吞吐量/万 TEU	港口处理能力/万 TEU	产能利用率/%	产能过剩情况
长三角地区港口	上海港	4480	5974	75	产能轻度过剩
	宁波-舟山港	2710	4312	63	产能显著过剩
珠三角地区港口	香港港	2170	2523	86	产能不足
	深圳港	2610	3965	66	产能显著过剩
	广州港	2145	4091	52	产能严重过剩
环渤海地区港口	天津港	1550	3036	51	产能严重过剩
	青岛港	1880	4237	44	产能严重过剩
	大连港	985	2291	43	产能严重过剩
东南沿海地区港口	高雄港	1050	1382	76	产能轻度过剩
	厦门港	1065	2596	41	产能严重过剩

如表 12-2 所示,从地区港口整体角度分析来看,在长三角地区港口中,各港口的产能利用情况存在差异,上海港的产能利用率高达 75%,处于产能轻度过剩状态;宁波-舟山港的产能利用率仅为 63%,处于产能显著过剩状态。在珠三角地区港口中,香港港和深圳港的产能利用情况较好,香港港的产能利用率为 86%,也是所有港口中产能利用率最高的,也是唯一处于产能不足状态的港口;深圳港的产能利用率为 66%,处于产能显著过剩状态;广州港的产能利用情况最差,产能利用率为 52%,处于产能严重过剩状态。环渤海地区港口的产能利用情况是四个港区中最差的,三个主要港口均处于产能严重过剩状态,天津港的产能利用率为 51%,青岛港的产能利用率为 44%,大连港的产能利用率为 43%。在东南沿海地区港口中,高雄港的产能利用情况较好,产能利用率为 76%,处于产能轻度过剩状态;厦门港的产能利用情况较差,产能利用率为 41%,处于产能严重过剩状态。

1. 长三角地区港口

根据模型测算结果,2018 年长三角地区港口码头在全年工作 350 天的情况下,上海港的集装箱处理量预测达到港口处理能力的 75%,宁波-舟山港的集装箱处理量预测达到港口处理能力的 63%,见表 12-3。

表 12-3　2018 年长三角地区港口吞吐量与处理能力预测值对比

港口	吞吐量/万 TEU	港口处理能力/万 TEU	产能利用率/%
上海港	4480	5974	75
宁波-舟山港	2710	4312	63

2. 珠三角地区港口

根据模型测算结果,2018 年珠三角地区港口码头在全年工作 350 天的情况下,香港港的集装箱处理量预计达到港口处理能力的 86%,深圳港的集装箱处理量预计达到港口处理能力的 66%,广州港的集装箱处理量预计达到港口处理能力的 52%,见表 12-4。

表 12-4　2018 年珠三角地区港口吞吐量与处理能力预测值对比

港口	吞吐量/万 TEU	港口处理能力/万 TEU	产能利用率/%
香港港	2170	2523	86
深圳港	2610	3965	66
广州港	2145	4091	52

3. 环渤海地区港口

根据模型测算结果,2018 年环渤海地区港口码头在全年工作 350 天的情况下,天津港的集装箱处理量预计达到港口处理能力的 51%,青岛港的集装箱处理量预计达到港口处理能力的 44%,大连港的集装箱处理量预计达到港口处理能力的 43%,见表 12-5。

表 12-5　2018 年环渤海地区港口吞吐量与处理能力预测值对比

港口	吞吐量/万 TEU	港口处理能力/万 TEU	产能利用率/%
天津港	1550	3036	51
青岛港	1880	4237	44
大连港	985	2291	43

4. 东南沿海地区港口

根据模型测算结果,2018 年东南沿海地区港口码头在全年工作 350 天的情况下,高雄港的集装箱处理量预计达到港口处理能力的 76%,厦门港的集装箱处理量预计达到港口处理能力的 41%,见表 12-6。

表 12-6　2018 年东南沿海地区港口吞吐量与处理能力预测值对比

港口	吞吐量/万 TEU	港口处理能力/万 TEU	产能利用率/%
高雄港	1050	1382	76
厦门港	1065	2596	41

12.2　中国港口产能过剩的类型

港口产能过剩可以归纳为长期性过剩、周期性过剩和结构性过剩三种类型,具体介绍如下。

(1) 港口产能的长期性过剩:指在较长一段时间(如 5 年)内,港口生产规模与通过能力过度富余,远远超过港口所需完成的货物装卸吞吐量的需求,港口效益低下,港口码头的建设应予以暂停。

(2) 港口产能的周期性过剩:属于临时性过剩。当国民经济与对外贸易不太景气时,港口码头的吞吐量存在下滑的趋势,港口的产能过剩状态就会更加显著;而随着经济发展回暖,港口需求逐渐增长,港口产能过剩现象就会消退,甚至还将出现新的短缺(Kou et al.,2011)。

(3) 港口产能的结构性过剩:指空间范围内部分地区部分港口出现产能过剩,其他部分地区或港口的规模能力却算不上富余,甚至是无法满足区域发展需求。即使同一港口,也会出现个别码头存在产能过剩的可能性、个别码头能力过度富余的状况。

我国沿海港口出现产能过剩现象的内因包括我国港口的刚性通过能力与市场需求存在易于发生改变的特性这两个部分。市场需求即时、易变而且很难将其精确把握,同时,需求对象面广、量大,既涉及国内需求部分,又涉及国际需求部分,需求总量是众多微观个体需求之和,而且微观个体需求量又和价格、需求弹性密切相关,具有较强的变化性,产能变化却相对缓慢与滞后(真虹,2010;翁捷,2012)。

此外,港口项目由投资决策到建成运营一般都需要较长时间。从形成机理来看,产能过剩当前主要存在两种类型:

第一,需求萎缩型产能过剩。即国内外市场的突然波动,导致市场需求急剧萎缩,然而产能并未相应减少,或依旧保持一定幅度的增长,产能的增加、需求的减少,进而导致产能相对于市场的需求会出现过剩的情况。

第二,投资过度型产能过剩。在工业周期的上升时期,由于市场形势较好,企业投资热情高涨,更是出现了投资的羊群效应,大量企业集中投资,导致行业投资额过快增长。再加上各个地方政府各自为政,在铁路、港口以及机场等涉及交通运输基础设施的建设上没有进行统筹规划,大量的重复性建设导致土地与资金没有得到良好的资源配置,造成了浪费(Xiao et al.,2014;Hu et al.,2015)。经过一段时间后,产能逐步建设完成并开始投产,远远超出市场需求的增长速度,从而形成产能过剩。

在我国,沿海港口出现的产能过剩往往是上述两种类型同时具备。

但综合分析,我国港口集装箱通过能力的结构性过剩与周期性过剩问题是比较明显的,然而是否存在总体上长期性的产能过剩,还需要进一步深入研究。

参 考 文 献

翁捷.2012.港口经营管理模式对港口效率影响研究[J].商情,(44):99.

真虹.2010.第四代港口及其经营管理模式研究[M].上海:上海交通大学出版社.

Hu Y,Xiao J,Deng Y,et al.2015.Domestic air passenger traffic and economic growth in China: Evidence from heterogeneous panel models[J].Journal of Air Transport Management,42: 95-100.

Kou Y,Liu L,Tian X.2011.The impact of the financial tsunami on Hong Kong port[J].Asian Journal of Shipping & Logistics,27(2):259-278.

Xiao Y,Liu J J,Hu Y,et al.2014.A neuro-fuzzy combination model based on singular spectrum analysis for air transport demand forecasting[J].Journal of Air Transport Management, 39(39):1-11.

第 13 章　港口合作竞争博弈模型

港口群区域内港口的竞争合作博弈问题本属于非对抗性博弈,港口之间的利益或效用既冲突又一致。由此可见,港口竞争属于合作竞争博弈的研究特征。

13.1　港口合作竞争博弈建模

13.1.1　模型的假定

1. 基本假定

假设在某个港口群的区域范围内,有 N 个港口(用 i 表示,$i=1,2,\cdots,N$)都在大力发展以提升港口自身的竞争优势,为社会提供港口服务,并采取相应策略吸引腹地货源。当各个港口采取对策时,还需要将其他港口的策略纳入考虑范围之内,由此可见,这是一个博弈模型。

假设存在共同腹地区域,上述 N 个港口彼此之间相互竞争以争夺港口群枢纽港的重要地位,各个港口发挥自身的区位优势,在竞争上采用一系列有效的策略,如价格的策略(P_i)、提升服务质量的策略(T_i)、开发的策略(W_i)和营销的策略(A_i)等,以吸引腹地货源,此处以 V_i 代表港口 i 的竞争策略组合。由于某些策略不能被有效量化,如联合的策略、促进的策略,这里对于不能被量化的策略不进行假设,但会在本章最后的建议中进行适当的分析。把有可能是共同腹地的区域区分为 G 个货源生成地,腹地总的货物生成量用 Q 表示,每一个生成地的货物生成量用 Q_i 表示。

2. 港口运输需求模型

在某个时段里,某港口群内港口市场的运输需求 Q_r 是外生的,并且存在最大程度的限制,因此 Q_T 为定值,这就表示港口 i 的需求 Q_i 既会受到自身的竞争策略组合 V_i 的影响,同样也会被其他港口的竞争策略组合所影响。由于其他港口若选择更加有效的竞争策略,必然会使得客户对于该地区港口 i 的运输需求量产生一定程度的影响,从而影响港口 i 的利润函数 π_i,因此 π_i 可表示为 $\pi_i(V_1,V_2,\cdots,V_N)$。由此可见,港口的竞争模型归属于动态的竞争博弈模型。因此,对于特定港口 i,其面临的运输需求为

$$Q_i = Q_T M_i(V_i) \tag{13-1}$$

式中，Q_i 为港口 i 的运输需求；$M_i(V_i)$ 为港口 i 的市场占有率，是关于港口 i 的竞争策略 V_i 的函数，即

$$V_i = (P_i, T_i, W_i, A_i) \tag{13-2}$$

各港口的顾客可划分为两类：一类为稳定顾客 Q_{i1}，此类顾客对港口有着稳定的依赖性，对港口有着特定的需求；另一类为变动顾客 Q_{i2}，此类顾客对某港口的需求是不固定的，也是港口间彼此竞争的部分。于是有

$$Q_i = Q_{i1} + Q_{i2} \tag{13-3}$$

港口竞争的部分是 Q_{i2}，是依据港口的竞争策略集合 $V_i = (P_i, T_i, W_i, A_i)$ 取得的。于是有

$$Q_i = Q_{i1} + F(P_i, T_i, W_i, A_i) \tag{13-4}$$

假设 Q_{i2} 与各项策略是线性相关的，即

$$Q_{i2} = \alpha_i P_i + \beta_i T_i + \gamma_i W_i + \mu_i A_i \tag{13-5}$$

$$Q_i = Q_{i1} + \alpha_i P_i + \beta_i T_i + \gamma_i W_i + \mu_i A_i \tag{13-6}$$

式中，$i = 1, 2, 3, \cdots, N; \alpha_i < 0; \beta_i < 0; \gamma_i > 0; \mu_i > 0$。

3. 港口市场占有率模型

假设港口的运输需求同港口的综合竞争力之间的关系呈负指数形式，则根据该假设，可推导出港口 i 的市场占有率的模型为

$$M_i(V_i) = \frac{e^{-\lambda_i V_i}}{\sum\limits_i e^{-\lambda_i V_i}} \tag{13-7}$$

式中，λ_i 用来衡量除 P_i、T_i、W_i 外的其他因素对港口 i 综合竞争力的影响，体现了各个竞争港口的特性。因此，可以假定 $\lambda_1 = \lambda_2 = \cdots = \lambda_N = \lambda$，式（13-7）可以改写为

$$M_i(V_i) = \frac{e^{-\lambda V_i}}{\sum\limits_i e^{-\lambda V_i}} \tag{13-8}$$

在已定义的 $V_i = (P_i, T_i, W_i, A_i)$ 中，由于 P_i、T_i、W_i、A_i 非同一量，不具有可比性，因此采用下列公式描述 V_i，即

$$V_i = P_i + H_{T_i} + L_{W_i} + B_{A_i} \tag{13-9}$$

4. 港口运营成本模型

港口运营成本 C_i 会随着需求量的变化而变化，包含固定成本 C_{i1} 与变动成本 C_{i2} 两部分，其中 C_{i2} 会受到港口服务质量与港口开发战略的影响，提高服务质量、增大营销投资会引起成本的增加，然而港口开发水平的提高又会产生规模效应，令港口的变动成本得以降低，将港口运营成本与固定成本设为线性关系：

$$C_i = C_{i1} + a_i T_i + b_i W_i + c_i A_i \tag{13-10}$$

式中，$a_i > 0, b_i < 0, c_i > 0$。

在此模型中，假设减少 T_i 就必须增加适当投资，当然也可以借助其他的方式。从一般意义上来说，上述假设是合理的，因此会导致成本 C_i 增加，故 C_i 与 T_i 之间存在负指数关系，把其他的一些因素对 C_i 所产生的影响涵盖在式（13-11）的 K_i 中，即

$$C_i = e^{-K_i T_i} \tag{13-11}$$

由于同港口的市场占有率模型相同，因此假设 $K_1 = K_2 = \cdots = K_N = K$，则有

$$C_i = e^{-K T_i} \tag{13-12}$$

5. 港口利润模型

假定用 π_i 表示港口 T 的利润，则

$$\pi_i = Q_i P_i - C_i \tag{13-13}$$

将其代入港口需求函数和成本模型，可得

$$\pi_i = P_i (Q_{i1} + \alpha_i P_i + \beta_i T_i + \gamma_i W_i + \mu_i A_i) - C_{i1} - a_i T_i - b_i W_i - c_i A_i \tag{13-14}$$

6. 港口能力的约束

尽管港口群内的各个港口可以采用各种各样的竞争策略以提升各自的市场占有率，但是市场占有率的提升是有限的，它会被港口最大程度的通过能力 Q_i 所限制。为此，需制定如下约束：

$$Q_i \leqslant \overline{Q_i} \tag{13-15}$$

而且在某个时间内总的需求量 Q_T 是一定的，因此资源存在一定的约束：

$$\sum Q_i(V_i) \leqslant Q_T \tag{13-16}$$

7. 港口价格弹性以及在港综合停时弹性

根据经济学有关弹性的定义：$\eta = \dfrac{\Delta y / Y}{\Delta x / X}$，可得

$$\eta_{ij}^P = \frac{P_j}{Q_i} \frac{\partial Q_i}{\partial P_j} \tag{13-17}$$

式中，η_{ij}^P 表示港口 j 的价格发生改变时，对港口 i 的运输需求所产生的影响。

当考虑港口 i 自身的弹性时，有

$$Q_i = e^{-\lambda(P_i + H_{T_i} + L_{W_i} + B_{A_i})} Q_T (1 - M_i) \tag{13-18}$$

由于 i 可等于 j，代表港口 i 自身的价格弹性，因此 η_{ij}^P 又可表示为

$$\eta_{ij}^P = -\lambda P_j (1 - M_i) \tag{13-19}$$

由此可以推出

$$\frac{P_j}{Q_i}\frac{\partial Q_i}{\partial P_j}=-\lambda P_j(1-M_i) \tag{13-20}$$

$$\eta_{ij}^T=\frac{T_j}{Q_i}\frac{\partial Q_i}{\partial T_j}=-\lambda H_{T_j}(1-M_i) \tag{13-21}$$

式中，η_{ij}^T 表示港口 j 的服务水平发生改变时，对港口 i 的运输需求所产生的影响。

13.1.2 港口非合作动态博弈模型

依据前面所描述的完全信息动态博弈的内涵，可以得知本节所阐述的港口竞争博弈是基于完全信息条件下的一种动态博弈。假定港口群内有 N 个港口，记为 $1,2,\cdots,N$，意味着选取动作的先后顺序，各个港口在其对应的策略集合 V_i 下，以寻求港口利润最大化为目的，得到相应模型的目标函数如下：

$$\text{Max } \pi_i[P_i(Q_{i1}+\alpha_i P_i+\beta_i T_i+\gamma_i W_i+\mu_i A_i)-C_{i1}-a_i T_i-b_i W_i-c_i A_i] \tag{13-22}$$

基于以上假设与相关的约束条件来构建关于港口竞争的博弈模型：

$$\begin{cases} \text{Max } \pi_i[P_i(Q_{i1}+\alpha_i P_i+\beta_i T_i+\gamma_i W_i+\mu_i A_i)-C_{i1}-a_i T_i-b_i W_i-c_i A_i] \\ Q_i\leqslant\overline{Q_i} \\ \sum Q_i(V_1,V_2,\cdots,V_N)\leqslant Q_T \end{cases}$$

$$\tag{13-23}$$

港口间的竞争指的是在地区货运总量不变的情况下，对现有资源的重新分配。此外，各个港口还要同时面对境内其他港口群之间过于激烈的竞争。为了实现提升港口群内港口的竞争地位、提高各个港口业务量的目标，可以在寻求具有共同利益的基础之上，以竞争性的合作伙伴关系联合发展业务，扩大腹地面积，逐步形成区域规模，进而参与国际间的竞争。

13.1.3 港口竞争策略模型的 Nash-Cournot 均衡解

依据前面构建的模型，能够推导出适合于港口市场竞争的相应模型。

$$\text{Max } \pi_1\{V_1,V_2,\cdots,V_N\}, \quad Q_1\{V_1,V_2,\cdots,V_N\}\leqslant\overline{Q_1} \tag{13-24}$$

$$\text{Max } \pi_i\{V_1,V_2,\cdots,V_N\}, \quad Q_i\{V_1,V_2,\cdots,V_N\}\leqslant\overline{Q_i}$$

$$\text{Max } \pi_N\{V_1,V_2,\cdots,V_N\}, \quad Q_N\{V_1,V_2,\cdots,V_N\}\leqslant\overline{Q_N} \tag{13-25}$$

针对上述模型，引入 Lagrangian 乘子 $L_i\{V_1,\cdots,V_N\}$，则

$$L_i\{V_1,V_2,\cdots,V_N\}=\pi_1\{V_1,V_2,\cdots,V_N\}+\zeta_i[\overline{Q_i}-Q_i\{V_1,V_2,\cdots,V_N\}] \tag{13-26}$$

于是 Nash-Cournot 均衡解 $(V_1^*,\cdots,V_N^*)$ 可表示如下：

$$\frac{\partial}{\partial P_i}L\{V_1^*,\cdots,V_i^*,\cdots,V_N^*\}=0$$

$$\frac{\partial}{\partial T_i}L\{V_1^*,\cdots,V_i^*,\cdots,V_N^*\}=0$$

$$\frac{\partial}{\partial W_i}L\{V_1^*,\cdots,V_i^*,\cdots,V_N^*\}=0$$

$$\frac{\partial}{\partial A_i}L\{V_1^*,\cdots,V_i^*,\cdots,V_N^*\}=0$$

$$\zeta_i=0,\quad \overline{Q_i}>Q_i\{V_1,V_2,\cdots,V_N\}$$

$$\zeta_i>0,\quad \overline{Q_i}=Q_i\{V_1,V_2,\cdots,V_N\}$$

若忽略约束条件,则 Nash-Cournot 均衡解的条件为

$$\frac{\partial}{\partial P_i}L\{V_1^*,\cdots,V_i^*,\cdots,V_N^*\}=0$$

$$\frac{\partial}{\partial T_i}L\{V_1^*,\cdots,V_i^*,\cdots,V_N^*\}=0$$

$$\frac{\partial}{\partial W_i}L\{V_1^*,\cdots,V_i^*,\cdots,V_N^*\}=0$$

$$\frac{\partial}{\partial A_i}L\{V_1^*,\cdots,V_i^*,\cdots,V_N^*\}=0$$

由利润 π_i 的推导公式可得 Nash-Cournot 均衡条件为

$$L_i\{P_i,T_i,W_i,A_i\}=P_iQ_i-C_i+\zeta_i(\overline{Q_i}-Q_i) \tag{13-27}$$

由 $\dfrac{\partial L_i}{\partial P_i}=\dfrac{\partial L_i}{\partial T_i}=0$ 得

$$(P_i-\zeta_i)\frac{\partial Q_i}{\partial P_i}+Q_i=0 \tag{13-28}$$

$$(P_i-\zeta_i)\frac{\partial Q_i}{\partial T_i}+k_i\mathrm{e}^{-\lambda T_i}=0 \tag{13-29}$$

由 $\dfrac{\partial L_i}{\partial A_i}=\dfrac{\partial L_i}{\partial W_i}=0$ 得

$$(P_i-\zeta_i)\frac{\partial Q_i}{\partial A_i}-\frac{\partial C_i}{\partial A_i}=0 \tag{13-30}$$

$$(P_i-\zeta_i)\frac{\partial Q_i}{\partial W_i}-\frac{\partial C_i}{\partial W_i}=0 \tag{13-31}$$

依据港口的价格弹性以及在港综合停时弹性,可以得出

$$\frac{\partial Q_i}{\partial P_i}=-\lambda Q_i(1-M_i) \tag{13-32}$$

$$\frac{\partial Q_i}{\partial T_i}=-\lambda LQ_i(1-M_i) \tag{13-33}$$

由式(13-28)可得

$$-\lambda Q_i(P_i-\zeta_i)(1-M_i)+Q_i=0 \tag{13-34}$$

由此可推出

$$P_i = \frac{1}{\lambda(1-M_i)} + \zeta_i \tag{13-35}$$

又因为

$$\frac{\partial Q_i}{\partial P_i} L = \frac{\partial Q_i}{\partial T_i}$$

所以由式(13-29)可推出 $k_i e^{-\lambda T_i} = L Q_i$，即

$$T_i = -\frac{1}{\lambda} \ln \frac{L Q_i}{k_i} \tag{13-36}$$

由式(13-28)~式(13-31)得

$$(P_i - \zeta_i)\partial Q_i = b_i \partial W_i$$

将上式两边积分

$$\int (P_i - \zeta_i)\,\partial Q_i = \int b_i \partial W_i$$

可得

$$W_i = \frac{Q_i}{\lambda(1-M_i)b_i} \tag{13-37}$$

同理可得

$$A_i = \frac{Q_i}{\lambda(1-M_i)c_i} \tag{13-38}$$

13.1.4 Nash-Cournot 均衡解算法

Nash-Cournot 均衡解算法做如下假定:任意一个港口群内港口的最优策略是在它的竞争对手所选择采取的是固定不变的策略的条件下,以 Max π_i 为目标而拟定的,满足如下条件:

$$P_i = \frac{1}{\lambda(1-M_i)} + \zeta_i$$

$$T_i = -\frac{1}{\lambda} \ln \frac{L Q_i}{k_i}$$

$$W_i = \frac{Q_i}{\lambda(1-M_i)b_i}$$

$$A_i = \frac{Q_i}{\lambda(1-M_i)c_i}$$

依据上述思想,可将整个均衡解的求解过程分为两部分,即 ζ 在给定的情况下求解 $V_i^*(\zeta)$ 并变动 ζ,从而求得最终的 V_i^*。

给定 ζ 的条件下 $V_i^*(\zeta)$ 的求解步骤如下。

(1) 选择初始的 $V = \{V_1, V_2, \cdots, V_N\}$,标识为 $V(t=0)$。

(2) 在 t 点上,测算西南沿海港口群内每一个港口的 $V_i(t)$。

（3）计算 $V_i(t+1)$：

$$P_i(t+1)=\frac{1}{\lambda[1-M(t)]}+\zeta_i$$

$$T_i(t+1)=-\frac{1}{\lambda}\ln\frac{LQ_i}{k_i}$$

$$W_i(t+1)=\frac{Q_i(t)}{\lambda[1-M_i(t)]b_i}$$

$$A_i(t+1)=\frac{Q_i(t)}{\lambda[1-M_i(t)]c_i}$$

由 $V_i=(P_i,T_i,W_i,A_i)$ 计算 $V_i(t+1)$。

（4）根据 $V_i(t+i)-V_i(t)<\varepsilon$（对每个港口群内港口）是否满足判断是否转步骤（2）或步骤（5），若所有的 $V_i(t+i)-V_i(t)$ 均小于 ε，则转步骤（5），否则转步骤（2）。

（5）获得西南沿海港口群内每一个港口的决策变量 $V_i^*(\zeta)$。

13.1.5　港口竞合博弈分析

港口的无序竞争，不仅会阻碍港口个体发展，还会对港口群的整体发展产生不利影响。因此，各港口间以一定方式自愿组合、互相协同、在竞争中合作是港口群避免"自相残杀"、实现共同发展的一种趋势，而竞合发展主要是协同发展。

协同是指拥有共同利益的两个或两个以上单位的群体，为了取得更大利益，适度放弃个别的或者暂时的利益，转而采取合作与联盟的方式，进而生成一种协同效应，来促进系统或群体的发展。它的原理可以用"1+1>2"表示，即协同产生的总体效益大于原有个体效益之和。协同是耗散机构理论的重要内容。耗散机构理论是针对群体事物由混沌无序的状态向结构有序的状态进行转化的研究，它指出群体事物在一定的客观条件下，能够自然而然地产生组织性及相关性。像这种经过自发性形成的协同，有利于抵消系统中由个体的作用带来的混乱、现象的偏离，能量的克服、物质与信息进行交换过程中的无序状态，进而生成协同的力量。系统性理论指出，协同作用是推动系统的生成与健康发展的一种内在动力。

例如，德国的汉堡港与不来梅港两个著名港口，拥有共同的经济腹地，作为对手互相竞争（卢洁，2002；张帅，2010）。面对欧洲北部鹿特丹港、安特卫普港、费利克斯托港等港口的迅猛发展所导致的货源流失局面（Dooms et al.，2013；Lugt et al.，2014），两港开始加强联系，讨论依靠合作形成的协同作用，对其集装箱部门合作问题进行谈判，以提升两港的整体竞争力。再如，位于美国东部海岸的纽约新泽西港、查尔斯顿港、汉普顿港、萨尔纳港以及巴尔的摩与威尔明顿港 6 个港口，正尝试联合组建一个包含各航运公司的航运公会组织。以上 6 个集装箱港口通过信息共享、提高服务水平等措施，缓和了港口间的矛盾。2017 年以来，6 个港口的集装箱吞吐量均实现了较大幅度的增长。其中就涉及有关财政的相关情况和港口建设的相关规划，一同商讨费率与服务内容。他们期望借助彼此之间共同分享有关信息、提升服务水平等方式，使港口之间关于价格的战争能够得以控制或平息，减缓彼此之间过于激烈的竞争。

港口群的发展也是如此。各大中小港口应加深彼此之间的联系，形成合理的分工与合作，搭建起以大型港口为中心港，以中小港口为卫星港的结构网络，坚持这一对策以促进港口群发展。在大体相同的区域范围内，各港口都以成为枢纽港为目标，违背了规模经济的发展原则。应当首先确定枢纽港的发展对象，以此为核心对其航线进行调整和布局，积极发挥周围中小港的协作配套作用，支撑枢纽港的建设及快速发展，这将有益于港口群的整体建设和发展。如果各港口之间没有合作，彼此独立发展，港口的竞争力终将有限，无法形成合力，最终也只能成为周边国家和地区港口的支线港、喂给港。因此，只有提升港口群的协同发展水平，加深彼此合作，才能发挥出整体竞争力。

13.2　港口协同发展的对策建议

1. 合理选择合作联盟

选择合作联盟需要关注：首先，港口合作联盟中的成员往往是处于同一经济区域或某条航线线路上的，这也是港口合作联盟构建过程中必须考虑的基本因素。港口应该分析自身所处的经济地区及辐射范围，接着选择和自己处于同一个经济区域且具备合作条件的港口结成联盟。只有这样才可能避免在港口恶性竞争中出现两败俱伤的结局。港口选择同一航线上的其他港口结成港口合作联盟，能够提升整条航线的利用率和安全到达率，更好地满足客户多样化需求。另外，港口合作联盟成员要有一定相似的经营战略，这样可以更大限度地保障港口企业及港口供应链企业之间的相互融合、相互促进，结成的合作联盟也更加稳定和有效。

2. 促进联盟成员的信息交流

在实施合作联盟过程中，港口应该深入考虑信息交流，建立一种适合联盟运行体系。联盟成员间的共性一般表现为对战略目标理解一致性及联盟价值观相似性等，这有利于合作联盟成员企业减少信息孤岛现象的发生，通过积极合作、交流沟通，从而促进合作联盟更好地实现资源共享，增强合作效率，保障合作联盟的持续稳定。

此外，合作联盟成员企业通过共享信息，相互交流，不断地展示自身真实的一面，可以提高相互间的信任度。

3. 建立风险管理和争端解决机制

港口合作联盟风险的来源较为广泛,有自然灾害、政治体制、人为因素所造成的风险,有来自信任和信用的风险,有合作时核心技术被复制的风险,有权力控制造成的矛盾,有港口供应链中牛鞭效应的风险,有追求联盟整体效益最优和企业追求自身利益之间矛盾的风险,港口合作联盟风险具有关联性、难控性、随时性和危害程度严重性等许多特征。

因此,港口的合作联盟建设中,要特别注重风险的识别和防范,包括合作风险、信息风险、管理风险、技术风险等内部风险的识别与防范,也包括政策法律风险、经济风险、市场风险等外部风险的识别与防范。加强信息交流与共享、优化合作伙伴的选择、重视合作联盟柔性化设计以及建立联盟企业的风险管理可以有效地保障港口合作联盟的顺利实施(李绪斌,2012)。

4. 制定科学的港口群整体发展规划

港口是一个区域综合体系,应依据港口的自然条件、腹地经济发展的需求,依托城市集疏运状况及国家港口发展规划等政策,从整体上合理把控各港口的建设规模,明确各港口定位与发展目标,减少重复建设和资源浪费。港口合作应形成优势互补,从级别定位和功能拓展两方面实现合理分工与合作。

在功能拓展上,港口间应该积极与航运服务业和航运物流业类企业展开广泛深入合作,即同报关企业、船舶代理、货运代理、海事服务等区域性航运服务企业和船舶融资、航运保险、海事法律、仲裁服务等全球性航运服务企业,以及与航运物流信息服务、港口保税物流、港口仓储物流等航运物流企业进行广泛深入的合作。

5. 创新港口合作联盟的形式

由于现有法律与港口管理体制在某种程度上阻碍了港口合作联盟的构建,因此创新港口企业合作联盟的形式便显得尤为重要。一般而言,有以下几种联盟形式:

(1) 技术型联盟,即合作成员提供最新最先进的港口经营管理技术与经验,实现科研成果共享等;

(2) 市场营销联盟,即为了实现共同的营销目标而合作,例如,美国纽约—新泽西港与地中海热纳亚港结成合作联盟,从而可以共同开拓亚洲货源;

(3) 地区经济发展型联盟,即为促进区域经济发展联合起来以应对共同竞争对手而结成的联盟;

(4) 合并和兼并型联盟,这应该是港口合作联盟发展的最高形式,以资产重组为纽带将其合作联盟成员合为一体,共同发挥合作联盟的整体效应。

　　以上每种合作联盟形式都存在自身的优缺点,港口合作联盟不能局限于某一种形式,而需结合自身情况,综合运用各种形式,采取横向与纵向、实体与虚拟、区域内与区域外等多种形式联盟。

参 考 文 献

李绪斌.2012. 接轨国际建立沿海统一的港口管理体制机制[J]. 中国港口,(7):55,56.

卢洁.2002. 德国通向世界的门户——汉堡港[J]. 港口经济,(3):49,50.

张帅.2010. 国际航运中心建设和发展经验——以汉堡港为例[J]. 物流科技,33(1):18-20.

Dooms M,Lugt L V D,Langen P W D. 2013. International strategies of port authorities:The case of the Port of Rotterdam Authority[J]. Research in Transportation Business & Management, 8(2):148-157.

Lugt L M V D,Rodrigues S B,Berg R V D. 2014. Co-evolution of the strategic reorientation of port actors:insights from the Port of Rotterdam and the Port of Barcelona[J]. Journal of Transport Geography,41(41):197-209.

第14章 中国港口产能过剩的对策建议

14.1 国外治理港口产能过剩的经验与启示

产能过剩是国际金融危机爆发后世界许多经济体面临的共同问题。由于各国国情不尽相同,对产能过剩这一问题的解决方式也存在差异:我国对部分产业采取了扶持措施,欧美一些发达国家则果断淘汰了落后产能。虽然我国面对集装箱港口产能过剩的问题不能硬套欧美的做法,但可以参考他们的成功经验,以此推动我国港口的可持续发展。

20世纪,日本港口业曾出现过与当前中国港口业类似的状况。尽管中国同日本的国情存在差异,中国港口业的发展方式不能完全照搬日本的做法,但日本通过调整经济结构促使港口业焕发生机的许多经验依然值得借鉴(Lam and Wei, 2011;汪寿阳和黄安强,2012;Xiao et al.,2016)。特别是日本港口业发展所总结的一条规律,即当日本经济发展到一定阶段,港口吞吐量的增长将呈现递减趋势,这被称为"日本港口吞吐量增长递减法则"。针对中国港口业发展现状以及对未来展望,参照日本的治理经验,有如下几点值得关注。

第一,确立同一经济圈内各港口的分工与合作关系。例如,日本东京港与横滨港、大阪港与神户港等,即明确同一经济圈内各港口所处的地位,对港口进行合理定位与分工,明确中心港与辅助港,提高港口资源的利用率。中国环渤海经济圈中的三大港口——天津港、青岛港和大连港都以建设国际性航运中心为目标,而全球范围内还从未有在一个狭小经济圈内出现三个国际性航运中心的先例,这种不合理的发展定位显然会加剧这三大港口之间以及它们与周边中小港口之间的恶性竞争。中国应该对所处同一经济圈内的港口进行准确定位,突出重点、分工协作,采用在同一经济圈港口间成立合营公司等方式来实现港口生产合作,促进各港口良性发展。

第二,实行港口码头的专业化生产。日本通过对集装箱、石油等专用码头进行扩建,使码头的使用效率和通过能力得到提升,大大提高了投资利用率和海岸线资源使用率。在中国,集装箱和散货等混用码头的现象较为普遍,导致码头生产管理混乱,限制了其生产效率。因此,中国也可通过新建专业码头与改造陈旧码头来实现码头的专业化生产,从而提升港口生产效率与吞吐能力,降低港口业的重复投资。

第三,大力建设与完善港口货物的集疏运体系。在日本,许多港口都通过专用铁路线、管道同外界相连,这种方式大大降低了货物在港口的积压时间与存储成本,同时也使得港口的吞吐能力得到提升。而中国沿海的许多港口并不具备专用铁路线,或者没有有效借助铁路实现货物运输,中西部地区的很多进出口货物又都需要借助河海联运、海铁联运的方式完成运输。当前,中国出口加工产业逐渐向中西部地区转移,建设便捷有效的河海联运、海铁联运等集疏运体系已经迫在眉睫。中国应通过建设港口专用铁路、管道设施等,实现有效的河海联运、海铁联运,从而提高港口业的投资利用率,降低内陆进出口货物的物流成本。

第四,对部分位于城市中心区域码头的功能进行改进。例如,位于日本长崎市中心的长崎港,自20世纪初起该港的贸易功能就逐渐退化。随后长崎市开始对其进行改建和迁移,建成后的邮轮码头和海边公园大大促进了当地旅游业的发展。在中国,有许多沿海城市都是依靠港口逐渐发展起来的,由此导致港口区域作为市中心的一部分,周边常常分布着许多商业区、住宅区和旅游区。此类位于城市中心地带的港口,其价值往往来源于非港口功能,对于此类港口而言,可以考虑将市区闲置和低效益的码头改造成邮轮码头、港口公园等综合设施,这样既可以合理利用产能过剩所产生的闲置资产,又能够使城市中心地区港口的非港口功能得以发挥。

14.2　中国港口产能过剩的对策建议

14.2.1　行政方面的对策建议

港口的建设需要加大宏观调控。目前,从产能过剩的角度来看,无论是结构性的过剩还是整体性的过剩,也无论是临时性的过剩还是长期性的过剩,更无论是部分区域性的过剩还是全国性的过剩,都应该顺应当前经济发展形势,对当前不断升温的港口建设进行调控。特别是对集装箱港口的建设采取宏观调控,放缓其建设速度。政府主管部门应该对当前国内外经济贸易的发展形势进行重点关注,对市场需求变化和可能存在的投资风险进行预测,并将预测结果向地方政府与港口企业公布,使其主动降低供给规模,实现港口建设思路从过快发展向合理把握节奏转变(陈国榕,2011;高玲,2012;陈小娜等,2015)。同时,政府主管部门还需对企业进行引导,使其认准市场形势,在进行投资行为时,保持冷静头脑来实现合理化投资,防范投资风险。例如,港口应依据所经营的不同业务进行扩展建设,在制造业由沿海向中西部地区转移的大背景下,地方小港在矿石、煤炭、原油等资源类业务方面具有更大的发展空间。

建议交通运输部和各地相关部门对于各港口的新建项目进行严格审批,对港口通过能力过度富余的码头建设项目进行缓建处理,针对明显存在产能过剩现象的部分码头(尤其是新建码头)可以进行临时封存处理。建议交通运输部牵头和组织,重新评估全国主要港口的码头通过能力,对其码头通过能力进行科学合理的测定,充分发挥其对港口建设与发展的指导作用。进而重新测算各集装箱码头的通过能力,暂缓或否决通过能力过度闲置的码头所提出的新建项目,还可以采取暂时封存部分码头的措施,或者改作他用(王雅山,2012;李华和姚芳,2014)。

建议统一规划港口建设,普遍发展同重点发展相结合,促使我国港口合理布局的尽快形成,避免形成有货无港或有港无货的局面,制定详尽的规划方案促使港口间实现均衡发展。通过引入地主港模式,能够建立港口基础设施与管理的长期固定的投融资渠道,加快推动港口土地与岸线资源市场化,引导港口经营者合理利用岸线资源,避免重复建设,并且能够确保政府对土地与港口基础设施享有控制权(姜超雁和真虹,2010)。在港口投资方面,坚持突出重点、兼顾一般的原则,依据重要港口和一般港口的不同层次进行规划建设。针对不同自然条件和经济条件的港口,应该采用不同的行政措施。对于居于主导地位的枢纽港予以关注和支持,同时注重发展支线港、喂给港,推进集装箱运输网络的构建。在布局方面,应建立起华北、华中、华南沿海的地区性主枢纽港和黑龙江、长江、珠江三大水系的内河运输枢纽港(陈惠源,2014)。

建议构建关于集装箱码头的启动机制。目前,随着各地港区码头的大量建设,许多港口出现产能过剩现象,而投资者、建设者、政府审批者对码头建设无法形成统一认识,是港口产能过剩现象产生的一个重要原因。构建码头建设启动机制,依据"启动点"理论对港口码头的建设进行指导。即以码头通过能力与港口吞吐量的科学预测为依据,当集装箱吞吐量到达集装箱码头的启动点时(如75%),港口才被允许开始计划对码头进行改扩建,以此避免港口规模超前造成的产能过剩。

14.2.2　经济方面的对策建议

建议大力发展与港口相关的一些产业,拓展港口的产业链,推进集装箱港口的产业结构性转型。天津港通过打造世界邮船母港,以提升其旅游附加产值;广州港通过将太古仓码头改造成港口博物馆和港口街,实现其宣传港口文化的目的。这些措施都满足了港口产业链发展的需要,也是港口发展到一定时期的必然产物。此外,港口企业应积极构筑多元化的业务结构体系,拓展综合物流服务能力。在持续巩固装卸业务的同时,可积极拓展仓储、理货、拖轮及其他多种港口增值服务(姚吏玲,2012)。在具备一定规模后,还可以向产业链下游延伸,通过多式联运等方式发展综合物流业务。多元化的业务结构既可以避免在码头装卸领域的过度竞争,又能构筑多样化的业务结构体系,提高企业的抗经济周期性,对冲航运市场的周期性带来的业务波动,还可以帮助港口企业寻求更具战略眼光的可持续发展途径。

建议港口进行高效的资源整合,引入地主港管理模式。我国当前存在较多的中小型集装箱港口,港口内部也大多存在许多不同的集装箱港口企业,加大了管理难度,此外还存在货主自建码头的现象,造成了相当严重的内耗(刘丽耀,2011)。只有有效整合港口资源才能统一价格,充分借助港口资源实现优化管理,才能维护市场秩序,减少不必要的恶性竞争。同时,可以通过制定统一的经营规划,减少重叠腹地的港口间公开"压价"现象的发生,实现共同腹地内货物与货主的合理分配,避免恶性竞争,进而降低各港口间的内耗损失。此外,还可通过优化港口资源配置,实现港口生产效率的提升与资源的有效利用。例如,在集装箱的运输过程中,重车去、空车回的现象时有发生。但宁波港物流有限公司依靠构建自己的信息网络,服务于多家船公司,在宁波港到萧山无水港这条线路上,重箱由集装箱卡车运到无水港之后,再将当地出口货物的集装箱返运回港区,避免了跑空箱现象的发生,实现了港口有限资源的充分配置,提高了港口对物流链的服务项目和服务能力。

通过对港口工艺流程的改造与创新,缩短运转时间,从而实现降低能源消耗的目的。例如,大连港实施的海水源热泵技术,借助海水作为热泵的冷热源来实现冷热交换,以此实现冬季供热和夏季制冷。广州港集团有限公司注重科技的先导作用,对节电深度进行大力挖掘,构建起集中补偿、分散补偿和就地补偿"三位一体"的电网补偿体系,实现了减少无功损耗的目标,并且在轮胎式集装箱龙门起重机节能减排技术方面也实现了重大突破。山东日照港依据合同能源管理模式对节能技术实现改造创新,并取得了较为明显的成效。深圳蛇口集装箱码头也通过对三大主要耗能排放源——场桥、拖车和船舶实施多项技术改造以实现节能降耗。"场桥油改电""场桥辅助柴油发动机""拖车混合动力节能实验"等项目均取得了明显成效。

各港口集团可以建立港航战略联盟,这也是集装箱领域最为普遍的战略联盟形式。未来港口将由单纯竞争转向竞争合作,大型港口强强联合,共存共荣,这也是港口建设趋向理性的表现。当前,港口的合作发展已成为港口业的主要趋势,同一经济地理区域内的各个港口由于共用资源,必然会产生利益纷争问题。针对该问题可采取公认的解决办法以组合港、港口联盟等形式对各个港口进行分工合作,实现共同发展。尽管每个港口在港航联盟中所能得到的利益分配达不到完全的公平合理,但是这种联盟形式能够带来较为充足的货源,而且能够满足"以港兴市"经济振兴战略的需要,目前港航联盟取得了较为理想的效果(王杰等,2014;张卫国,2014)。港航联盟不但能够促使集装箱运输得到发展,而且能够带动区域经济快速发展,从而促使港口得到进一步发展。此外,在集装箱航运领域还需要增强港口与国际大集装箱码头运营商的联系与合作,加强资源的合理利用,提升集装箱港口产能利用效率,实现港口的进一步发展。

14.2.3 法律方面的对策建议

由于长期缺乏法律依据,港口资源管理较为薄弱,有的港口缺乏科学长远的规划,无法实现深水深用;有的港口忽视规划的严肃性和重要性,时常会出现违反规划、随意建设的现象,造成了港口资源的无序开发;还有一些港口无视需求,一味进行盲目建设和低水平重复建设,导致了恶性竞争的出现。为了能够切实解决这些问题,就需要依靠法律手段进行调控。

我国颁布的《港口法》对港口布局规划、港口总体规划和岸线审批制度三个方面进行了较为严格的规定。依据《港口法》,港口总规划由政府制定,全国要制定统一的港口布局规划;省、自治区以及直辖市全部都要依据全国的港口布局进行规划,对本地区的港口布局进行相应的规划;港口所在地的地方人民政府的相关行政管理部门应依据港口布局的规划来制定相应的港口总体规划;港口设施的建设也应依照港口总体规划进行;对于深水岸线港口设施的建设,应由国务院的交通主管部门与国务院负责经济调控的综合主管部门一同审批决定,从而保证港口资源能够得到合理利用,减少或避免低水平重复建设的现象发生。在我国经济高速发展的背景下,港口规划也应随着经济的发展而不断做出调整,伴随经济进入新常态,规划也应逐渐趋于稳定。然而,当前的问题在于,规划会受政府任期影响而出现调整改变,因此建议将港口规划法律化,借助法律手段使规划趋于稳定。

《港口法》明确要求各级人民政府应将港口的发展与规划体现在国民经济和社会发展计划中,对于依法保护与合理利用港口资源的原则进行了强调,并且通过明确港口规划体系来保证对港口资源的保护与有效利用。在港口产能过剩的情况下,必须充分利用法律这一有力手段来防止港口资源的浪费。

建议大力推进地方港口管理体制改革。依据我国颁布的《港口法》,港口管理采用的是中央、省、市三级管理模式。但在实践中,港口所在地区的地方政府作为实际管理者,倾向于根据地方经济发展实际需要规划和建设港口,并展开与相邻港口城市的竞争,导致以整体区域协调发展、港口群资源共享共赢为目标的资源整合限于表面化和形式化(肖钟熙,2012)。为突破各地港口间的行政壁垒,有效实现港口资源整合,防止港口资源的浪费,必须改变目前"一城一港一政"的管理模式,对那些港口功能定位相近、竞争激烈的港口群,应尽快建立起具有行政权威的跨区域管理委员会,授予其较高的行政职权,对港口群实施统一规划,基于各港口的优势来规划各自港口功能定位,指引各港口重新配置资源、分配货源,完成港口间良性分工与优化互动的战略目标。

继续完善港口法律制度。港区(作业区)控制性详细规划是根据已审批通过的港口总体规划,对港区水陆域利用与重要配套设施的布置进行更为合理的安排,为港口规划管理提供依据,并指导港口规划区内建设项目开展前期工作。港区(作业区)控制性详细规划是港口总体规划在港区(作业区)的深化和落实,也是有效利用和管理港口资源的重要手段。当前规划实施的严肃性和控制性尚需进一步加强,现行《港口法》没有明确港区(作业区)控制性详细规划的法律地位,影响了港口规划体系的实现和实施。因此,可考虑参照港口布局规划与总体规划,将其上升到法律层面,为《港口规划管理规定》提供上位法依据。

　　加强港口岸线立法、完善港口岸线有偿使用制度,做好港口岸线规划工作与城市、海洋功能、土地等规划衔接工作。针对沿海和内河港口都存在的多占少用、占而不用、深水浅用的现象进行相关立法,规定岸线退出机制,使岸线资源的保护与管理有法可依。建议从法律层面对岸线的资源属性进行强化,并实施强制保护措施,例如,借鉴土地资源的法律保护措施,对岸线资源实行限期使用、有偿使用,或者允许转让、租赁等方式。

　　此外,建议构建地方性法律法规及港口评价体系。从港口目前的发展现状及港口城市发展水平入手进行综合考虑,需要制定相吻合的地方性法律规章制度,为港口资源的合理利用提供健全的制度保障。创建地方性的法律法规及港口发展监管部门,让每一项监管工作得到真正的落实。与此同时,对港口的具体发展情况做出科学的评价和行之有效的衡量,这样才能够防止港口资源的浪费,推动港口未来的发展。

参 考 文 献

陈国榕.2011.港口向现代服务业转型的探索研究——以厦门港为例[J].现代商业,(35):74,75.

陈惠源.2014.提速"宁波-舟山港"集装箱化发展[J].浙江经济,(20):52,53.

陈小娜,苏芊芊,王凤山.2015.宁波-舟山港参与21世纪海上丝绸之路建设的思考[J].科学时代,(1):296,297.

高玲.2012.十大港口畅谈"转型发展"[J].中国水运,(8):8-14.

姜超雁,真虹.2010.低碳责任下中国沿海港口结构性产能过剩问题研究[J].中国港口,(9):8,9.

李华,姚芳.2014.港口经济与城市、区域发展关系探析[J].现代商业,(14):187.

刘丽耀.2011.解决集装箱港口产能过剩问题的建议[J].集装箱化,22(3):7,8.

汪寿阳,黄安强.2012.2012年日本主要港におけるコンテナ取扱量の予想と分析[J].東アジアへの視点:北九州発アジア情報,23(2):1-8.

王杰,李艳君,自玮玮.2014.中国(上海)贸区下的航运政策解析[J].世界海运,37(2):35-40.

王雅山.2012.基于老港区改造开发的港口地产公司创新商业模式探讨[J].交通企业管理,27(6):12.

肖钟熙.2012.港口管理体制改革回顾与建议[J].水运管理,34(10):7-9.

姚吏玲.2012. 警惕长江沿线港口产能过剩[J]. 中国投资,(10):5.

张卫国.2014. 中国(上海)自由贸易实验区邮轮产业政策探析——中国本土邮轮公司商业模式
　　迎来"自贸区时代"新机遇[J]. 世界海运,37(1):15-18.

Lam J S L, Wei Y Y. 2011. Dynamics of liner shipping network and port connectivity in supply
　　chain systems: Analysis on East Asia[J]. Journal of Transport Geography,19(6):1272-1281.

Xiao Y, Wang S Y, Liu J J, et al. 2016. Throughput estimation based port development and
　　management policies analysis[J]. Maritime Policy & Management,43(1):84-97.